LE GLOBE,

COMPAGNIE ANONYME D'ASSURANCES ET DE RÉASSURANCES

A PRIMES FIXES,

CONTRE L'INCENDIE ET L'EXPLOSION DU GAZ,

AUTORISÉE PAR DÉCRET DU 6 MAI 1854.

Instructions

A MESSIEURS LES AGENS GÉNÉRAUX.

Agence générale d_____

Paris,
IMPRIMERIE ET LITHOGRAPHIE FÉLIX MALTESTE ET Cⁱᵉ,
RUE DES DEUX-PORTES-SAINT-SAUVEUR, 22.

1854.

LE GLOBE,

COMPAGNIE ANONYME D'ASSURANCES ET DE RÉASSURANCES

A PRIMES FIXES,

CONTRE L'INCENDIE ET L'EXPLOSION DU GAZ,

AUTORISÉE PAR DÉCRET DU 6 MAI 1854.

Instructions

A MESSIEURS LES AGENS GÉNÉRAUX.

*Agence générale d*_____

1854.

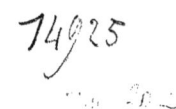

AVANT-PROPOS.

En adressant, à MM. les Agens généraux, les présentes instructions qui ont l'avantage de réunir tous les enseignemens, toutes les prescriptions se rattachant à leurs fonctions et qui doivent leur servir de guide pour gérer le mandat que la Compagnie leur a confié, nous croyons, avant tout, devoir appeler leur attention sur les moyens à l'aide desquels on recherche et on obtient les assurances et quels efforts ils doivent employer pour triompher de la concurrence.

DE LA RECHERCHE DES ASSURANCES.

MM. les Agens doivent être bien pénétrés de l'utilité, de la nécessité des assurances, afin de donner cette même conviction à tous ceux qu'ils approchent.

Il n'existe pas de fléau plus imprévu que l'incendie; il n'en est pas dont la marche soit plus rapide et les effets plus désastreux. L'homme le plus prudent, le plus soigneux, n'en est pas à l'abri. Non seulement l'incendie peut se développer dans sa demeure, malgré la plus vive surveillance, mais il peut être communiqué par un voisin, allumé par un malveillant ou occasionné par le feu du ciel; les maisons les mieux construites, les mieux situées, sont atteintes par l'incendie, aussi bien que les fermes, les chaumières ou les fabriques.

Aucun homme raisonnable ne peut donc se dispenser de recourir à l'assurance. Cependant il existe encore un grand nombre de propriétés et surtout de valeurs immobilières qui ne sont pas garanties contre l'incendie. Un agent actif est ainsi certain de trouver partout un aliment abondant à ses opérations.

MM. les Agens ne se borneront pas à des distributions de prospectus, à des appositions d'affiches ou à des publications dans les journaux : Ils devront parcourir fréquemment toutes les communes de leur territoire, visiter les propriétaires, leur expliquer les avantages de l'assurance et profiter de leurs relations d'affaires et de parenté, employer tous les moyens de persuasion pour les décider et obtenir la préférence.

Ils rechercheront, avec un soin tout particulier, l'assurance des grandes propriétés, des bons établissemens industriels, d'abord pour réaliser ces affaires importantes et lucratives, ensuite pour procurer à l'agence la clientèle et le patronage d'hommes considérables et dont l'exemple influe sur le public.

Dans le même but, ils chercheront à se ménager la bienveillance des autorités et des membres du clergé, afin d'obtenir l'assurance des bâtimens communaux ou départementaux, des biens des hospices, des églises, presbytères, etc.

Lorsqu'il arrive des incendies, ils feront bien, quand même la Compagnie n'y serait pas intéressée, de se rendre sur les lieux, pour tirer parti de l'impression que produisent toujours les événemens de cette nature.

MM. les Agens chercheront également l'assurance des propriétés déjà garanties par d'autres Compagnies, à primes ou mutuelles. Chaque jour, un certain nombre de ces assurances arrivent à leur terme, et ils doivent en solliciter la reprise immédiate.

Il faut même tâcher de faire ces reprises quelque temps à l'avance, et jusqu'à un ou deux ans avant l'échéance des précédens engagemens ; mais, dans ce cas, la nouvelle police, quoique contractée de suite, n'a d'effet qu'à dater de l'expiration de la police en cours.

Lorsque le terme de celle-ci est encore éloigné, il faut examiner si les objets assurés sont couverts par une somme suffisante, s'il n'y a pas d'autres objets à garantir, si le risque locatif ou le recours des voisins a été compris dans l'assurance. L'agent trouvera fréquemment ainsi le moyen de participer immédiatement à l'assurance en garantissant un supplément de valeurs, et il sera, de cette manière, en position d'obtenir plus tard la totalité de l'affaire.

MM. les Agens ne pourraient seuls se livrer à ces démarches et exploiter toute leur circonscription. Il faut qu'ils se fassent seconder, soit par des auxiliaires ambulans, qui parcourent constamment le territoire de l'agence, soit par des agens spéciaux résidant dans les cantons. Il importe de choisir pour ces fonctions des hommes actifs et intelligens, tels que les instituteurs, les greffiers de juge de paix, secrétaires de mairie, clercs de notaire, etc.

Quelque soin que MM. les Agens apportent dans cette organisation, ils ne peuvent se flatter de faire de suite de bons choix. Mais, en y mettant de la persévérance et en remplaçant ceux dont ils auraient été peu satisfaits d'abord, ils réussiront à s'attacher d'utiles collaborateurs, qui les seconderont, non seulement dans la recherche des assurances, mais encore pour la rentrée des primes et l'accomplissement de toutes leurs fonctions.

DE LA CONCURRENCE.

MM. les Agens rencontreront presque partout la concurrence des Compagnies à primes et celles des Sociétés mutuelles. Il a paru utile de leur donner ici quelques renseignemens succincts sur cette double concurrence contre laquelle ils ont à lutter.

DES COMPAGNIES A PRIMES.

Il existe présentement 13 Compagnies à primes fixes opérant dans toute la France. Ce sont, en les rangeant par ordre d'ancienneté, *la Générale, le Phénix, la Nationale*, ci-devant Royale, *l'Union, le Soleil, la France, l'Urbaine, la Providence, le Nord, l'Aigle, la Paternelle, la Confiance* et *le Globe*.

Les assurances réunies de ces diverses Compagnies s'élèvent à près de 29 *milliards*, les primes qu'elles perçoivent annuellement à plus de 26 *millions* et les sinistres qu'elles ont payés depuis l'origine dépassent un total de 227 *millions*. Ces faits démontrent le vaste développement qu'ont pris les assurances à primes fixes et leur incontestable utilité.

Parmi les Sociétés énumérées ci-dessus, la Compagnie LE GLOBE est d'une date toute récente ; mais la cession qui lui a été faite, par voie de réassurance, des risques en cours du PALLADIUM et de LA LYONNAISE, la place au rang des plus anciennes et des plus considérables Compagnies, puisque le total des valeurs qu'elle assure s'élève à 1,160,318,000 fr., que le montant net des primes annuelles est de 1,145,000 fr., et que l'importance des primes cumulées qu'elle doit encaisser est de 6,000,000 environ.

Si on ajoute à cette garantie celle qui résulte du versement du premier cinquième de ses actions et de la faculté, réservée à la Compagnie LE GLOBE, par ses Statuts, d'élever indéfiniment son Capital social, il devient facile à MM. les Agens de combattre avantageusement la concurrence. Toutefois, ils ne doivent pas chercher à triompher des Compagnies rivales par un système de dénigrement qui serait aussi dangereux qu'inique ; mais tout en rendant justice à leurs concurrens, ils s'efforceront de l'emporter sur eux par leur activité et en faisant ressortir les considérations favorables résultant des conditions de la police et du tarif de la Compagnie LE GLOBE.

Les principales Compagnies se sont liées par certains engagemens réciproques et se réunissent en Comité pour s'entendre sur leurs intérêts communs, après avoir adopté le même tarif et les mêmes conditions ; d'autres ont conservé respectivement leur entière liberté d'action : la Compagnie LE GLOBE est de ce nombre.

DES SOCIÉTÉS MUTUELLES.

Il existe en France 59 Sociétés mutuelles, savoir : 37 assurant les immeubles, et 22 les objets mobiliers.

Ces Sociétés exploitent 66 départemens, et on évalue de 12 à 13 milliards les sommes qu'elles garantissent, soit moins de moitié de celles couvertes par les Compagnies à primes.

Il y a donc vingt départemens où les Sociétés mutuelles ne se sont pas introduites ou bien ont cessé d'exister ; 16 Sociétés mutuelles ont été obligées de se liquider : ce sont notamment :

1° La Société mutuelle fondée en 1819, à Paris, pour les départemens de l'*Oise*, de *Seine-et-Oise* et de *Seine-et-Marne*, qui s'est liquidée en 1835, après avoir fait payer jusqu'à 10 fr. pour 1,000 en une année ;

2° La Société établie à Nancy en 1821 pour les départemens de la *Meurthe*, de la *Meuse*, de la *Moselle* et des *Vosges*, dont les contributions se sont élevées, en dernier lieu, à près de 4 pour 1,000 et qui s'est dissoute en 1832 ;

3° La Société fondée à Dijon en 1824 pour les départemens de la *Côte-d'Or*, du *Doubs*, de la *Haute-Marne*, *Haute-Saône*, *Saône-et-Loire* et *Yonne*, qui, après avoir garanti plus de 300 millions de risques, a été obligée de se liquider en 1847, en laissant près de 400,000 fr. de sinistres impayés.

Ces exemples suffisent pour démontrer les vices inhérens au système d'assurances mutuelles.

D'abord les mutualités ne font payer à leurs Sociétaires qu'une modique cotisation de 30 à 40 centimes pour 1,000 fr., quel que soit le risque ; mais ce prélèvement ne sert qu'à couvrir les frais d'administration. A mesure que les sinistres arrivent, il faut faire un nouvel appel aux Sociétaires. Cette contribution varie d'une année à l'autre, suivant l'importance des pertes, et elle peut devenir fort lourde, ainsi qu'on vient de le voir, au point d'atteindre 10 ou 20 fois le montant de la prime qu'on aurait payée à une Compagnie pour la même assurance.

Ce n'est pas seulement dans les Sociétés qui se sont liquidées que de pareils faits se produisent ; on en voit encore des exemples dans les Sociétés existantes, chez celles mêmes qui paraissaient réunir le plus de chances favorables. Ainsi, la Société mutuelle de Lyon, bornée à la ville et aux faubourgs, assurant 80 millions d'immeubles, presque tous fort bien construits, n'avait fait payer pendant longtemps que 20 à 25 cent. pour 1,000 fr. par année. Mais, en 1851, un incendie a détruit un des plus grands et des plus beaux hôtels de la ville, et pour réparer cette perte de plus de 400,000 fr., il a fallu faire un appel extraordinaire de 5 fr. pour 1,000 fr. c'est-à-dire demander en une seule fois autant qu'on avait fait payer en 25 années consécutives.

Ainsi, rien n'est moins certain que le bon marché dont se prévalent les Sociétés mutuelles, et leurs adhérens sont exposés à de fâcheux mécomptes ; mais ce n'est pas là le seul inconvénient des mutualités ; le plus grave, c'est le retard et même l'incertitude dans le paiement des sinistres.

Les Sociétés mutuelles n'ont pas un capital réalisé d'avance pour subvenir aux pertes ; quelques-unes seulement ont formé des réserves ayant cette destination, et encore ces réserves sont-elles presque toujours insuffisantes. Les Sociétés ne peuvent payer les dommages qu'avec les fonds prélevés sur chacun de leurs membres, et après la clôture de chaque exercice : de là des retards inévitables et fort préjudiciables aux assurés. Car la prompte réparation des sinistres est une des conditions essentielles de l'assurance ; il faut que le propriétaire, l'artisan, le cultivateur puisse rebâtir de suite sa maison, remplacer son mobilier, ses instrumens de travail, ses denrées ou approvisionnemens ; il faut que le négociant ou l'industriel puisse reprendre ses affaires, faire marcher sa fabrique, payer ses ouvriers ; tout cela exige de l'argent comptant que les bonnes Compagnies à primes tiennent toujours prêt, et que les meilleures Sociétés mutuelles ont rarement à leur disposition.

Il y a plus : afin de rassurer leurs adhérens contre l'éventualité d'appels de fonds trop considérables, la plupart des mutualités ont limité les sommes qu'on peut demander à chaque sociétaire, et même, en cas d'insuffisance des ressources d'une année, elles n'ont pas pas voulu que le déficit fût reporté sur l'exercice suivant. Il résulte de ces précautions, prises en faveur du sociétaire considéré comme *assureur*, un grave préjudice pour le sociétaire considéré comme assuré. Si des sinistres considérables éclatent dans une année, la perte de l'assureur est limitée, mais celle de l'assuré ne l'est pas ; il ne reçoit qu'une partie de l'indemnité sur laquelle il comptait, et il n'a aucun recours contre la Société pour le surplus. C'est ainsi, comme on l'a vu, que la *Mutualité* de Dijon a laissé impayés, lors de sa liquidation, près de 400,000 fr. de sinistres.

Pendant longtemps, les Sociétés mutuelles n'embrassaient, chacune, qu'un petit nombre de départemens limitrophes ; leur garantie était généralement très restreinte et elles excluaient, pour la plupart, des risques très hasardeux qui pouvaient les exposer à de trop grandes pertes. Depuis quelques années seulement, plusieurs Sociétés mutuelles opèrent dans toute la France, et l'une d'elles, LA CLÉMENTINE, assure spécialement les fabriques et les usines.

Tout ce qui a été dit plus haut sur le système mutuel peut être reproduit avec plus de force au sujet de cette Compagnie. En effet, si les charges de la mutualité ont été très variables dans les Sociétés ordinaires, qui n'assurent que les meilleurs risques, comment ne le seraient-elles pas dans une Société qui a choisi la spécialité la plus dangereuse ? Dès lors est-il possible de garantir sérieusement aux Sociétaires les avantages qu'on leur offre et les assurés ne se trouvent-ils pas continuellement exposés à ne recevoir, en cas de sinistre, qu'une partie des indemnités qui leur seraient dues ?

Les propriétaires doivent donc, s'ils entendent bien leurs intérêts, s'adresser de préférence à une Compagnie à primes fixes, comme LE GLOBE, pour se préserver d'appels de fonds fort onéreux, et pour être certains d'obtenir toujours une prompte et complète réparation de leurs pertes.

Juin 1854.

LE GLOBE,

COMPAGNIE ANONYME D'ASSURANCES ET DE RÉASSURANCES

A PRIMES FIXES,

CONTRE L'INCENDIE ET L'EXPLOSION DU GAZ,

Autorisée par Décret du 6 Mai 1854.

INSTRUCTIONS

A MESSIEURS LES AGENS GÉNÉRAUX.

CHAPITRE Ier.

Principes généraux qui régissent le contrat d'assurance contre l'incendie.

Article 1er. L'assurance contre l'incendie est un contrat aléatoire par lequel *l'assureur* s'oblige à indemniser *l'assuré* du dommage qui peut résulter d'un *sinistre*.

2. Le contrat s'appelle *Police*; on nomme *Avenant* l'acte qui constate les changemens survenus à la police; le prix de l'indemnité *Prime*, et la chose assurée s'appelle *Risque*.

3. L'assurance est un contrat de droit étroit; elle ne peut s'appliquer, par extension ou induction, à d'autres objets ni à des risques d'une autre nature ou situés dans d'autres lieux que ceux désignés dans la police.

4. L'assurance ne peut profiter qu'à celui qui éprouve le préjudice.

L'assurance ne doit procurer qu'une indemnité et jamais un bénéfice.

Hors de ces deux règles, l'assurance dégénérerait en un pari que la loi prohibe, et dont l'effet serait d'exciter les assurés de mauvaise foi à incendier eux-mêmes leur propriété.

5. L'assurance ne libère point les personnes responsables du sinistre, quoiqu'elles soient demeurées étrangères au contrat d'assurance. En conséquence, les assureurs doivent être subrogés aux droits des assurés auxquels ils ont payé un sinistre. (*Art. 18 de la police*.)

6. Il résulte encore des principes ci-dessus que, nonobstant les sommes énoncées dans la police, l'indemnité due par l'assureur ne peut, en aucun cas, excéder la valeur des objets existant au moment du sinistre; s'il en était autrement, l'assuré pourrait récupérer la dépréciation ou la diminution que le temps ou les circonstances auraient fait éprouver à sa maison, à son mobilier, à ses marchandises, ce qui lui ferait trouver un avantage réel, mais illicite, dans l'incendie de sa propriété. (*Art. 3 de la police*.)

7. L'assureur a besoin de connaître exactement les risques dont on lui propose de se charger. Ne point lui déclarer ou lui dissimuler, avant ou pendant l'assurance, des circonstances qui aggraveraient ces risques ou en changeraient le sujet, ce serait vouloir lui faire supporter des chances qu'il n'aurait peut-être pas consenti à courir, ou pour lesquelles il eût exigé des conditions différentes; ce serait, en un mot, le tromper. Dès lors le consentement réciproque, qui seul peut animer un contrat, venant à manquer, l'assurance deviendrait nulle. (*Voir art. 348 du Code de Commerce*).

8. L'assuré qui n'a fait garantir qu'une partie de la valeur de sa propriété est son propre assureur pour ce qu'il a laissé à découvert, et il en supporte la perte, si la chose périt en entier. Par une conséquence nécessaire, il est tenu de contribuer aux pertes partielles dans la proportion de son découvert. (*Art.* 15 *de la police.*)

En effet, dans ce cas, l'assuré se trouve le co-assureur de son assureur; leurs risques sont indivisibles, et on ne peut attribuer la partie conservée à l'un, pour mettre en entier la partie détruite à la charge de l'autre.

9. Le paiement de la prime étant la principale obligation que contracte l'assuré, s'il n'a point rempli cette obligation, il ne peut exiger que l'assureur accomplisse la sienne, et dès lors il n'a droit, en cas d'incendie, à aucune indemnité. (*Art.* 5 *de la police.*)

CHAPITRE II.

Des divers systèmes d'assurances. Organisation de la Compagnie.

ARTICLE **10.** Il y a en général, deux modes d'assurances.

L'un est l'association d'un certain nombre de propriétaires, d'un ou plusieurs départemens, pour se garantir mutuellement contre l'incendie.

L'autre est le système des Compagnies qui prennent les risques à leur charge, moyennant une prime convenue.

11. Le propriétaire engagé dans une société mutuelle est à la fois *assuré* et *assureur*; comme assuré, il paie d'abord une cotisation fixe pour les frais d'administration; comme assureur, il contribue pour sa quote-part au remboursement des dommages d'incendie qu'ont éprouvés ses co-sociétaires. La somme qu'il paie est donc nécessairement variable, selon l'importance des sinistres; elle peut être très onéreuse une année, après avoir été fort modique dans la précédente.

12. Dans les assurances à primes, l'assureur et l'assuré sont deux personnes distinctes, et il ne pèse sur ce dernier que des charges déterminées d'avance et invariables pendant toute la durée du contrat.

13. Les assurances à primes sont généralement contractées par des sociétés anonymes que le Gouvernement autorise après avoir examiné leurs moyens et leur organisation.

14. LE GLOBE est une Compagnie anonyme d'assurances et de réassurances à primes fixes contre l'incendie et l'explosion du gaz; elle a été autorisée, par décret du 6 mai 1854, pour une durée de cinquante années.

15. Toutes opérations autres que les assurances, réassurances ou associations d'assurances contre l'incendie lui sont formellement interdites.

16. Le capital qui garantit ses engagemens est provisoirement fixé à 2 millions de francs, et se divise en 4,000 actions de 500 francs chacune.

Ce capital pourra être élevé à 6 millions et au-delà, ainsi qu'il résulte de l'article 10 des statuts.

17. La Compagnie est administrée par un Conseil composé de neuf membres pris parmi les actionnaires et nommés par l'Assemblée générale.

18. Un Directeur général et un Directeur adjoint, qui font partie du Conseil, sont chargés de l'exécution des délibérations et surveillent l'ensemble des opérations.

Les actions judiciaires sont exercées au nom de la Compagnie, poursuite et diligence du Directeur général.

19. La correspondance est signée par l'Administrateur de service et par le Directeur général. Les pouvoirs délégués par la Compagnie sont revêtus de la signature de deux Administrateurs et de celle du Directeur général.

CHAPITRE III.

Des risques que la Compagnie assure et des objets qu'elle garantit.

Article 20. La Compagnie assure contre l'incendie et contre le feu du ciel.

Elle assure aussi les risques d'explosion de chaudières de machines à vapeur et ceux occasionnés par l'éclairage au gaz.

La Compagnie assure en outre :

1º *Les risques locatifs*, c'est-à-dire la responsabilité des locataires envers leurs propriétaires, ainsi qu'il résulte des articles 1733 et 1734 du Code Napoléon (1),

2º *Le recours des voisins*, pour les dommages causés à leurs bâtimens, mobiliers et marchandises par la communication du feu, aux termes des articles 1382, 1383 et 1384 dudit Code (2) ;

3º *Les créances hypothécaires*, c'est-à-dire l'assurance de l'immeuble servant de gage à la créance, soit au nom du créancier, inscrit en ordre utile, soit pour le compte de son débiteur.

21. La Compagnie ne répond pas des incendies occasionnés par guerre, invasion, émeute populaire, force militaire quelconque, ouragans, trombes et tremblemens de terre.

22. Sont exclus de l'assurance :

1º Les dépôts, magasins et fabriques de poudre à tirer ;

2º Les billets de banque, effets au porteur, lettres de change ou billets, titres et papiers d'affaires ;

3º Les lingots et monnaies d'or et d'argent ; — les diamans, les pierreries et perles fines, autres que ceux montés à usage personnel ou compris parmi des objets déposés dans des établissemens publics. (*Voir art. 2 de la police.*)

La Compagnie excepte encore de l'assurance :

1º Les récoltes sur pied ;

2º Les créances chirographaires ;

3º Les fabriques d'allumettes chimiques ou autres.

L'assurance de ces objets n'est pas interdite par les statuts, mais la Compagnie s'abstient de les assurer par mesure de prudence.

---

(1) Art. 1733. « Le locataire répond de l'incendie, à moins qu'il ne prouve que l'incendie est arrivé par cas fortuit
» ou force majeure, ou par vice de construction, ou que le feu a été communiqué par une maison voisine. »

Art. 1734. « S'il y a plusieurs locataires, tous sont solidairement responsables de l'incendie, à moins qu'ils ne prou-
» vent que l'incendie a commencé dans l'habitation de l'un d'eux, auquel cas, celui-là seul, en est tenu. Ou que quelques-
» uns ne prouvent que l'incendie n'a pu commencer chez eux, auquel cas, ceux-là, n'en sont pas tenus. »

(2) Art. 1382. « Tout fait quelconque de l'homme qui cause à autrui un dommage, oblige celui par la faute de qui
» il arrive à le réparer. »

Art. 1383. « Chacun est responsable du dommage qu'il a causé, non seulement par son fait, mais encore par sa
» négligence ou par son imprudence. »

Art. 1384. « On est responsable, non seulement du dommage que l'on cause par son propre fait, mais encore de
» celui qui est causé par le fait des personnes dont on doit répondre, ou des choses que l'on a sous sa garde :

» Le père et la mère, après le décès du mari, sont responsables du dommage causé par leurs enfans mineurs habitant
» avec eux ;

» Les maîtres et les commettans, du dommage causé par leurs domestiques et préposés dans les fonctions auxquelles
» ils les ont employés ;

» Les instituteurs et les artisans, du dommage causé par leurs élèves et apprentis pendant le temps qu'ils sont sous leur
» surveillance ;

» La responsabilité ci-dessus a lieu, à moins que les père et mère, instituteurs et artisans ne prouvent qu'ils n'ont pu
» empêcher le fait qui donne lieu à cette responsabilité. »

CHAPITRE IV.

Des fonctions des agens généraux et de leurs rétributions.

ARTICLE 23. La Compagnie est représentée, dans les départemens et à l'étranger, par des mandataires qui prennent le titre d'*agens généraux*, et dont les fonctions et les attributions sont déterminées par les présentes instructions et par un règlement d'exécution auquel MM. les agens adhèrent et qu'ils s'obligent d'exécuter en tous points.

24. Les agens généraux ont pour mission :

De rechercher et solliciter les assurances, soit directement, soit avec l'aide d'agens spéciaux : de vérifier les propositions d'assurance, de les admettre, modifier ou rejeter ;

D'appliquer les primes selon le tarif ;

De rédiger les polices et de les signer au nom de la Compagnie ;

De soigner le recouvrement des primes, et poursuivre, lorsqu'il y a lieu, les retardataires :

De procéder, en cas d'incendie, suivant les règles établies plus loin ;

De tenir la correspondance et la comptabilité relatives à leurs opérations ;

Le tout en se conformant à leur commission et pouvoirs, aux présentes instructions et aux décisions de la Compagnie.

25. Les agens généraux reçoivent :

1° *Une remise proportionnelle* sur le montant des primes qu'ils encaissent et provenant des assurances souscrites par eux ou leurs prédécesseurs ; la quotité de ces remises est fixée par le règlement d'exécution ou par un traité particulier ;

2° *Un franc* par chaque Police dont le coût est de 2 francs ;

3° *Cinquante centimes* par chaque avenant, soit la moitié du prix qui est payé par l'assuré ;

4° *Soixante-quinze centimes* sur le prix de chaque grande plaque fixé à 2 francs ; *cinquante centimes* sur la moyenne, et *vingt-cinq centimes* sur chacune des petites.

26. En cas de démission ou de révocation, l'agent général n'a droit à aucune indemnité ni commission sur les primes non recouvrées ou à échoir.

S'il est obligé de cesser ses fonctions par suite d'une maladie grave bien constatée, il reçoit comptant *cinq pour cent* du montant des primes à échoir et provenant des assurances par lui souscrites, ou bien annuellement, au choix de la Compagnie, *sept et demi pour cent* sur le montant de ces mêmes primes, après qu'elles ont été recouvrées.

S'il vient à mourir pendant l'exercice de ses fonctions, ses héritiers ont droit aux mêmes avantages.

27. Quand la Compagnie envoie aux agens généraux des primes à recouvrer provenues d'une autre agence, elle leur fait une remise de *cinq pour cent ;* sur tous autres recouvremens qu'elle peut être dans le cas de leur confier, leur remise n'est que de *demi pour cent*.

28. La Compagnie tient compte, en outre, des débours pour ports de lettres et paquets venant de l'administration, qui n'auraient pas été affranchis.

En cas de sinistre, elle rembourse les frais de déplacement et autres dépenses, sans y ajouter aucun honoraire.

29. Toute autre dépense reste à la charge de l'agent, à moins qu'elle n'ait été préalablement autorisée.

30. La Compagnie fait visiter ses agences par des *Inspecteurs* munis de ses pouvoirs spéciaux, lesquels sont chargés de vérifier la gestion et la comptabilité des agens, de veiller à tous les besoins du service et d'opérer dans le personnel les mutations jugées nécessaires.

Toute communication demandée par des personnes qui ne seraient pas munies d'une autorisation de la Compagnie, doit leur être refusée.

31. Les inspecteurs sont autorisés à toucher les soldes de comptes dus par les agens rem-

placés, et à en donner quittance, sous réserve de la vérification du compte. Dans les autres cas, il ne doit leur être fait aucun paiement, sans un ordre spécial de la Compagnie.

32. En cas de décès, démission ou révocation d'un agent général, sa commission, sa procuration, le règlement d'exécution, la correspondance de la Compagnie, le livre-copie de lettres, le registre des polices et avenans, le livre de caisse, le registre des quittances à souche, les propositions d'assurances ou les polices qui les remplaceraient, les avenans, les doubles de quittances de sinistres, les saisies-arrêts et généralement tous les titres, pièces et papiers de l'agence, ainsi que les plaques et les imprimés, sont remis par l'agent ou ses ayans-cause à son successeur ou au délégué de la Compagnie qui réclame la reprise du service.

33. Tout retard volontaire dans cette remise rend l'agent passible de dommages-intérêts pour le préjudice que l'interruption du service peut causer à la Compagnie, et notamment pour les frais de prolongation du séjour de l'inspecteur.

CHAPITRE V.

Des agens spéciaux.

ARTICLE **34.** Les agens généraux se font seconder sur le territoire qui leur est assigné par des agens spéciaux qu'ils nomment, révoquent, rétribuent, et dont ils sont responsables. *(Voir modèle de commission n° 4.)*

35. L'agent général doit avoir au moins un agent spécial par canton: cependant il peut suppléer à cette organisation par le choix d'un ou deux auxiliaires ambulans, lorsqu'il rencontre des hommes doués de l'activité nécessaire pour exploiter tout le territoire de l'agence.

36. Il est interdit aux agens généraux d'établir des agens spéciaux hors de leur circonscription ou de les autoriser à solliciter des assurances dans les agences voisines.

37. Les agens spéciaux ont particulièrement pour mission :

1° De faire des démarches continuelles et permanentes auprès de toutes les personnes qui sont en position de se faire assurer dans toute l'étendue de leur circonscription;

2° De recueillir et rédiger des propositions d'assurances; d'indiquer aux personnes qui ont le désir de se faire assurer, le taux des primes et les applications spéciales du tarif;

3° De remettre à l'agent général de leur circonscription les propositions d'assurances qu'ils auront faites ou reçues, et, en échange, de remettre et faire signer les polices et avenans à ceux des assurés qui ne pourraient se rendre eux-mêmes au bureau de l'agence générale;

4° De recevoir et encaisser les primes, et le prix des plaques et polices, mais seulement quand l'agent général, qui en est responsable, les aura spécialement autorisés à faire ces recouvremens;

5° De faire ou de surveiller la pose des plaques.

38. Les agens spéciaux ne pourront, dans aucun cas, suppléer ou remplacer l'agent général dans l'exercice de ses fonctions, ni être autorisés par celui-ci à signer des polices ou des quittances, ou à contracter un engagement quelconque au nom de la Compagnie.

39. Le concours des agens spéciaux étant l'un des principaux élémens de succès de toute agence, l'agent général mettra le plus grand soin à tenir constamment ce personnel au complet, il pourra même en multiplier le nombre autant qu'il le jugera convenable à ses intérêts et à ceux de la Compagnie.

40. Il devra faire choix de personnes actives, probes, intelligentes, et bien connues dans le pays pour avoir un accès facile auprès des propriétaires, et mériter la confiance et la préférence de ces derniers.

41. Les personnes qui sont le plus aptes et qui conviennent le mieux aux fonctions d'agens spéciaux, sont : les secrétaires de mairie, les greffiers et les huissiers des justices de paix, les percepteurs des contributions directes, les vérificateurs des poids et mesures, les géomètres et experts du cadastre, les commis ambulans des contributions indirectes, et tous autres qui, par leur profession, ont de nombreux rapports avec le public.

Des militaires retraités, des facteurs et autres individus ayant des habitudes actives, peuvent aussi être appelés à ces fonctions, s'ils présentent des garanties suffisantes.

42. L'agent général doit stimuler sans relâche et surveiller avec une sollicitude toute particulière, tous les agens spéciaux de son ressort, entretenir avec eux des rapports réguliers et fréquens, et leur donner toutes les instructions nécessaires pour qu'ils agissent avec intelligence, discernement et profit.

43. Sur les commissions et remises que la Compagnie leur accorde, MM. les agens sont chargés de rétribuer leurs agens spéciaux. La Compagnie n'intervient pas dans ces arrangemens; mais elle conseille aux agens généraux de traiter le mieux possible leurs auxiliaires, afin de les intéresser au succès de leurs opérations.

44. Lorsque les agens spéciaux manquent de zèle, ou lorsqu'ils se laissent trop facilement rebuter par les obstacles, l'agent général doit pourvoir à leur remplacement, et renouveler ses choix, jusqu'à ce qu'il en ait fait de complètement satisfaisans.

CHAPITRE VI.

Des pouvoirs des agens généraux et de leurs limites.

ARTICLE **45.** Les pouvoirs des agens généraux sont déterminés par le règlement d'exécution, la procuration de la Compagnie et par les présentes instructions. Les agens ne peuvent les outrepasser sans engager leur responsabilité personnelle.

46. Il n'est permis aux agens généraux de souscrire des assurances hors de leur circonscription qu'après l'autorisation de la Compagnie ou dans les cas suivans :

1º Lorsque les propriétaires ont leur domicile dans le cercle de l'agence;

2º Lorsque des motifs particuliers, tels que des liaisons d'affaires, de famille ou de société justifient la préférence obtenue.

47. La faculté ci-dessus est restreinte aux propriétés situées dans les cantons limitrophes ; elle ne s'étend pas aux villes manufacturières et de commerce dont les assurances ne peuvent être acceptées que par l'agent général de la localité.

48. Cette faculté ne s'applique pas non plus aux usines et fabriques, ni aux magasins de marchandises, ni aux bâtimens couverts en bois ou en chaume et leur contenu.

49. Les risques situés hors de France sont aussi exceptés, et réciproquement il est interdit aux agens à l'étranger de faire aucune assurance sur le territoire français.

50. Les agens généraux ne peuvent assurer qu'en vertu d'une autorisation de la Compagnie, quelle que soit la somme proposée :

1º *Les maisons et bâtimens de risques simples et leur contenu, lorsqu'il y a contiguité avec une salle de spectacle ou avec une fabrique dont la prime serait de 3 p. 1,000 et au-dessus;*

2º *Les passages couverts occupés par divers marchands ou industriels ;*

3º *Les collections de tableaux, statues, médailles et autres objets d'art ou de curiosités ;*

4º *Les magasins de tulles, dentelles, broderies et cachemires;*

5º *Les marchandises données en confection à divers ouvriers en ville ou à la campagne ;*

6º *Les marchandises d'orfèvrerie, horlogerie et bijouterie, en magasin ou en fabrication ;*

7º *Les marchandises flottantes, c'est-à-dire sans désignation de magasins où elles pourraient être renfermées ;*

8º *Les fabriques et usines payant 2 p. 1,000 et au-dessus;*

9º *Les fabriques et usines en non-activité ;*

10° *Les salles de spectacle, leurs magasins de décors et autres dépendances ;*
11° *Les navires ou bateaux sur chantiers, dans les ports ou bassins et leur contenu ;*
12° *Les navires et bateaux en cours de navigation et leur chargement ;*
13° *Le matériel des chemins de fer et les marchandises transportées par cette voie ;*
14° *Les bois et forêts où il se trouve des essences résineuses ;*
15° *Les risques déjà assurés par d'autres Compagnies et que leurs agens proposeraient de céder en tout ou partie à titre de réassurances ;*
16° *Les risques qui auraient été refusés par d'autres assureurs ou atteints déjà par un sinistre ;*
17° *Et enfin les risques soumis à des Tarifs spéciaux ou non indiqués au tarif général des primes.*

51. Sont encore assujettis à l'approbation préalable de la Compagnie :
1° *Toute assurance supplémentaire ou cumulative et toutes mutations quelconques concernant des polices souscrites en vertu de son autorisation ;*
2° *Le renouvellement de ces mêmes polices.*

52. Les autorisations de la Compagnie ne sont valables que pour deux mois ; passé ce délai l'agent doit, s'il y a lieu, en demander la confirmation.

53. Les agens ne peuvent signer les polices concernant leurs propriétés ou celles de leurs proches, tels que père, mère ou aïeux, enfans et petits-enfans, frères et sœurs, oncles et tantes, neveux, nièces et pupilles. (*Voir art.* 206.)

54. Il leur est interdit de souscrire aucune assurance cumulative ou supplémentaire sur des assurances faites par un de leurs collègues sans, au préalable, en avoir reçu l'autorisation de la Compagnie.

Ils ne peuvent non plus souscrire aucun avenant à des polices qui n'appartiennent pas à leur agence.

55. MM. les agens ne peuvent faire aucune publication dans les journaux, ni rien faire imprimer sans l'autorisation expresse de la Compagnie.

CHAPITRE VII.

Maximum des sommes que les agens généraux peuvent assurer sur un même risque ou dans une même localité.

ARTICLE. **56.** Le mot *risque*, employé au tarif, pour distinguer les divers genres de construction, sert aussi à désigner et à qualifier l'objet de l'assurance : ainsi on dit : *Un bon ou un mauvais risque, un risque commun, un risque distinct,* etc.

57. Les bâtimens isolés et ceux qui, attenant à d'autres bâtimens, en sont séparés par un mur tout en pierres ou briques, s'élevant jusqu'à la toiture, et sans aucune communication ou ouverture dans l'intérieur, forment des risques distincts, sauf les exceptions mentionnées en l'article suivant.

58. Sont considérés comme formant des risques communs :
1° Le contenant et le contenu, c'est-à-dire les bâtimens et les objets mobiliers ou marchandises qu'ils renferment,
2° Les bâtimens contigus qui ne sont séparés, dans tout ou partie de leur élévation, que par de simples cloisons, ou qui communiquent intérieurement ;
3° Dans les fabriques et usines en général, les bâtimens contigus, quoique séparés par des murs en pierres, sans ouvertures ;
4° Dans les fabriques et usines, payant une prime de 2 fr. par 1,000 et au-dessus, tous les bâtimens qui ne sont pas séparés par un espace libre d'au moins 10 mètres ;
5° Un bâtiment de première classe et un bâtiment couvert en bois ou chaume, quand ils ne sont

pas séparés par un espace libre, d'au moins 10 mètres, ou par un bâtiment couvert en tuiles ou ardoises, avec pignons et murs en pierre ou briques de chaque coté sans ouverture ;

6° Un bâtiment couvert en bois ou chaume et un autre bâtiment de même nature, quand ils ne sont pas séparés par un espace d'au moins 20 mètres, soit libre, soit occupé par des bâtimens couverts en tuiles ou ardoises avec murs et pignons en pierre ou briques sans ouverture ;

7° Les récoltes en meules avec les bâtimens de première classe près desquels elles sont placées à une distance de moins de 10 mètres ;

8° Les récoltes en meules placées à une distance de moins de 20 mètres les unes des autres, ou ces mêmes récoltes et les bâtimens de la deuxième classe, éloignés de moins de 20 mètres.

Dans tous les cas qui précèdent, les risques sont réputés communs, quand bien même ils appartiennent à diverses personnes.

59. Les agens ne peuvent, sans avoir obtenu le consentement préalable de la Compagnie, assurer sur un seul risque distinct, ou sur plusieurs risques communs, au-delà des sommes suivantes, savoir :

Maisons d'habitation *couvertes en tuiles, ardoises ou métaux*. . . . . } 50,000 fr.
Mobilier et marchandises ordinaires. . . . .

Marchandises faciles à endommager . . . .
Marchandises hasardeuses et bâtimens qui les renferment. . . . . } 30,000 fr.
Fermes et exploitations rurales. . . . .

Marchandises doublement hasardeuses et bâtimens qui les renferment. . . . . } 20,000 fr.
Fabriques et usines payant moins de 2 p. 1,000. . . . .

Maisons d'habitation et leur contenu, *couvertures en bois ou chaume*. . . . . } 15,000 fr.
Fermes et exploitations rurales . . . .

Récoltes en meules. . . . . 10,000 fr.

60. Outre les maximum fixés par l'article précédent, pour chaque risque en particulier, les agens ont à observer des maximum de localités déterminés ci-après :

Dans les villes où les constructions sont bonnes, les couvertures en tuiles ou ardoises, et où les secours sont bien organisés, ils ne peuvent assurer sur un ensemble de risques distincts, mais attenant les uns aux autres, au delà d'une somme de :

300,000 fr. dans les chefs-lieux de département ; — 200,000 fr. dans les chefs-lieux d'arrondissement ; — 100,000 fr. dans les chefs-lieux de canton et villes d'au moins 3.000 habitans ; — 75,000 fr. dans les autres localités.

Ces sommes seront réduites d'un tiers dans les communes qui manquent de pompes à incendie.

61. Lorsque les limites fixées par l'article précédent auront été atteintes par des assurances successives ou simultanées, autorisées par la Compagnie ou faites par les agens en vertu de leurs pouvoirs, il faudra laisser, entre les risques déjà assurés et ceux qui seront proposés, un intervalle d'environ 50 mètres, ou libre ou occupé par des constructions de première classe avec pignons en pierre des deux côtés, et ne renfermant ni usines, ni fabriques.

62. Dans les communes où les bâtimens sont en majeure partie couverts en bois ou en chaume, la somme à assurer dans la localité, quel que soit le nombre des maisons ou bâtimens dont elle se compose, devra être limitée à 50.000 fr., contenant et contenu, dont moitié au plus sur bâtimens couverts en bois ou chaume. Mais ce maximum pourra être répété autant de fois qu'il y aura dans la commune de quartiers, hameaux, écarts ou risques épars à plus de 100 mètres de distance de tout autre bâtiment.

Les dispositions du présent article sont applicables aux localités où la plupart des bâtimens, quoique de première classe, communiquent ensemble par des ouvertures ou cloisons légères dans les greniers.

63. Pour pouvoir apprécier les agglomérations et pour faciliter les vérifications que sont chargés de faire les inspecteurs de la Compagnie, il sera bien que les agens tiennent un répertoire, commune par commune, de toutes les assurances existantes dans leur circonscription.

CHAPITRE VIII.

Des propositions d'assurances et de leur vérification.

Article **64.** Les propositions ne sont qu'un préliminaire ou projet d'assurance. Elles n'engagent en rien ni le proposant ni la Compagnie, quelles que soient les circonstances qui en accompagnent la présentation ou réception.

La Compagnie n'est obligée que lorsque la police d'assurance a été *signée* par les deux parties et que la prime a été *payée*. Les agens doivent toujours avoir soin d'en prévenir les proposans.

65. Les propositions d'assurances doivent être rédigées avec soin par le propriétaire, par les agens spéciaux ou par les agens généraux, sur des feuilles disposées à cet effet. (*Voir modèles n°s 8 et 9.*)

66. Les notes placées en marge des propositions suffisent pour guider dans leur rédaction. Presque tout ce qui va être dit dans le Chapitre X, concernant les polices, s'applique également aux propositions.

67. Les propositions doivent indiquer aussi exactement que possible, la situation, la nature et la valeur des objets à assurer, ainsi que les dangers particuliers que ces objets peuvent présenter.

68. Les propositions sont annexées aux ampliations des polices qui restent déposées aux archives de l'agence.

69. Quand l'assurance porte sur plusieurs bâtimens rapprochés, la proposition doit être accompagnée d'un tracé des lieux indiquant le genre de construction, de couverture, la destination et la dimension de chacun, les distances qui les séparent et les contiguïtés avec ou sans communication.

70. Les agens ou agens spéciaux doivent s'abstenir de recevoir d'avance aucune somme destinée au paiement de la prime, de remettre des plaques aux proposans et de leur faire signer des polices en blanc, au lieu de proposition.

71. Les agens généraux vérifient ou font vérifier les propositions qui leur sont soumises. Lorsqu'il s'agit d'assurances de propriétés importantes ou de risques graves, la vérification doit en être faite par les agens généraux eux-mêmes.

Lorsque les agens spéciaux sont chargés de la vérification, ils doivent indiquer sommairement, à la suite des propositions, les renseignemens obtenus.

DES VÉRIFICATIONS MORALES.

72. L'agent général doit s'enquérir de la moralité et de la solvabilité de tous ceux qui proposent une assurance.

Il importe à la Compagnie de ne traiter qu'avec des hommes soigneux, bien famés, et qui ne soient pas dans de mauvaises affaires.

73. Les propositions relatives à des fonds de commerce et à des fabriques et usines doivent, lorsqu'elles sont transmises à la Compagnie, être toujours accompagnées de renseignemens confidentiels sur la réputation et le crédit des proposans. (*Voir le modèle n° 10.*)

74. Lorsque des propositions sont faites par des personnes d'une probité douteuse, ou dans une position gênée, elles doivent être refusées sans balancer.

75. Les assurances des magasins tenussans ordre, des usines et des fabriques mal dirigées ou en décadence, doivent également être rejetées.

76. On n'admettra pas les propositions d'assurance lorsqu'elles sembleront être dictées par la crainte de haines particulières, de menaces d'incendie ou de mauvais voisinage.

VÉRIFICATION DE LA NATURE DES RISQUES ET DES CHANCES D'INCENDIE.

77. Cette vérification a lieu dans le double but de refuser les assurances trop dangereuses et de déterminer le taux des primes à appliquer.

Elle consiste à examiner :

1° Le genre de construction et de couverture des bâtimens ; 2° leur destination ; 3° la nature des marchandises qui peuvent s'y trouver, ainsi que la profession qu'on y exerce ; 4° la communication des bâtimens entre eux ou leur séparation, soit par un espace vide, soit par un mur s'élevant sans ouverture jusqu'au-dessus des toits ; 5° la contiguïté qui pourrait exister avec des risques plus graves, tels que bâtimens couverts en bois ou chaume, fabriques ou usines et salles de spectacles ; 6° et enfin, les circonstances qui peuvent occasionner ou propager l'incendie.

78. Si des bâtimens doivent être démolis prochainement, s'ils sont assujettis à un changement d'alignement, s'ils sont édifiés sur le terrain d'autrui, s'ils sont dans un état de délabrement ou abandonnés, si, par des vices de construction, un amas d'objets combustibles ou par toute autre cause, ils présentent des risques extraordinaires, l'agent, suivant la gravité des cas, doit refuser l'assurance de ces bâtimens et de leur contenu, ou bien en référer à la Compagnie.

79. Si l'agent est informé qu'il a été fait par d'autres assureurs des assurances exagérées, soit au proposant, soit à des personnes habitant la même maison, soit même aux propriétaires ou locataires des maisons contiguës, il consultera la Compagnie avant d'accepter la proposition.

80. Si des assurances sur objets mobiliers et marchandises, produits de récoltes, sont proposées sans y ajouter les bâtimens qui les renferment, il n'en faut pas moins soumettre ces bâtimens aux mêmes vérifications que s'ils devaient eux-mêmes être garantis par la Compagnie.

81. Les risques que présentent les maisons voisines doivent être aussi appréciés ; il importe d'examiner si les chances de communication du feu ne sont pas aggravées par la couverture, la destination, la mauvaise construction de ces maisons ou du mur de séparation.

82. Quand une proposition comprend l'assurance contre le recours des voisins, les circonstances mentionnées dans l'article précédent doivent être plus particulièrement encore prises en considération.

83. Quand une fabrique ou usine est proposée à l'assurance, l'agent doit la visiter lui-même avec le plus grand soin, et, indépendamment des vérifications générales, il doit recueillir avec précision et transmettre à la Compagnie tous les renseignemens indiqués dans la feuille spéciale de proposition. (*Modèle n° 9.*)

S'il existe dans le même établissement plusieurs locataires, et s'il y est exercé diverses industries, la proposition doit en faire mention.

84. L'agent examinera avec une attention particulière les fourneaux, chaudières, étuves, tuyaux de poêles ou calorifères et les appareils d'éclairage. S'il remarque quelques dispositions vicieuses de nature à aggraver les chances d'incendie, il en signalera le danger à la Compagnie.

Il visitera aussi les combles, greniers et autres locaux où l'on dépose les déchets ou matières inflammables, afin de s'assurer qu'il n'y a pas d'accidens à craindre par suite de négligence ou de combustion spontanée.

85. Quand il s'agit d'assurance de bois sur pied ou forêts, il y a lieu d'examiner :

1° Quelle en est l'essence ? S'il y a des bois résineux, on en fera connaître sommairement l'âge, la qualité, la situation relative et la valeur.

2° Comment ils sont aménagés, ou quel est l'âge des principales coupes ?

3° Si l'on est dans l'usage d'y brûler les herbes ou broussailles ?

4° S'il existe des fosses à charbon, fours à chaux, forges et autres usines ?

5° Quels sont les droits d'usage des communes riveraines ?

6° Quelles sont les dispositions des habitans envers les propriétaires ?

7° Quels sont les sinistres qui ont déjà eu lieu et quelles en ont été les causes ?

86. Les renseignemens à envoyer à la Compagnie pour les propositions d'assurance sur les théâtres et sur les maisons qui les avoisinent, devront indiquer, outre la nature des constructions : 1° Le genre de spectacle ; 2° le nombre annuel des représentations, bals ou concerts ; 3° le mode d'éclairage et de chauffage ; 4° les précautions prises pour prévenir ou arrêter les incendies ; 5° les sinistres antérieurs et leurs causes.

87. Les agens devront conserver le double de toutes les propositions et plans à l'appui qu'ils adresseront à la Compagnie (*Voir art*. 50), pour servir, en cas d'autorisation, à la rédaction de la police.

VÉRIFICATION DES SOMMES A ASSURER.

88. D'après les conditions générales de la police, la somme assurée n'est pas une reconnaissance de la valeur des objets garantis ; il ne doit, en conséquence, être procédé à aucune évaluation préalable des objets proposés à l'assurance (1).

89. Malgré ces dispositions, il est de l'intérêt des propriétaires et de la Compagnie que la somme assurée représente, aussi exactement que possible, la valeur réelle des objets garantis.

90. Le propriétaire y a intérêt : 1° parce que, s'il faisait assurer une somme supérieure à la valeur exacte, il paierait une prime sur cet excédant, et, en cas de sinistre, il ne serait indemnisé que de la perte réelle qu'il aurait éprouvée, sans aucun égard à cet excédant ; 2° parce que, s'il faisait assurer une somme inférieure à la valeur exacte, il serait, en cas de sinistre, considéré comme étant resté son propre assureur de la différence en moins, et qu'une part du dommage resterait ainsi à sa charge.

91. La Compagnie a aussi intérêt à l'exactitude de la somme assurée ; car une assurance exagérée l'expose toujours, soit à la mauvaise foi, soit à la négligence des assurés, et une assurance trop faible lui enlève une partie de la prime du risque qu'elle a entendu couvrir.

92. Pour les maisons ou bâtimens, la valeur vénale, c'est-à-dire le prix que vaudrait l'immeuble en cas de vente, est la base dont il faut le plus possible se rapprocher. Ce prix s'estime, soit par comparaison avec des immeubles semblables vendus depuis peu dans la localité, soit d'après le prix de l'acquisition, si elle est récente, ou bien encore d'après le revenu de la propriété, déduction faite, dans tous les cas, de la valeur du sol et des terrains dépendans.

Si la valeur vénale est trop difficile à apprécier, l'agent peut se régler d'après le coût approximatif des constructions, en faisant la différence du neuf au vieux.

93. Lorsque par leur situation certains bâtimens, notamment ceux à usage d'usine et de fabrique, n'ont de valeur que pour le propriétaire qui les occupe, ils ne peuvent être assurés que pour une somme équivalente au produit de la vente des matériaux.

La même règle s'applique aux anciens châteaux de construction massive, ainsi qu'aux bâtimens de ferme qui ont cessé d'être en rapport avec l'étendue de l'exploitation.

94. Si des propriétaires proposent de ne leur assurer que les parties les plus combustibles, telles que croisées, planchers, charpentes, etc., ou seulement les étages supérieurs, on se refusera à cette demande.

On ne pourra non plus excepter de l'assurance les caves et les fondations, à moins qu'il ne s'agisse de bâtimens construits sur pilotis près d'un cours d'eau. Dans ce cas, toute la partie des constructions baignée ordinairement par l'eau peut être retranchée de l'assurance.

95. L'assurance d'un mobilier de ménage est faite sur la simple déclaration du proposant, lorsque la valeur déclarée paraît être en rapport avec sa fortune ou son état de maison.

---

(1) L'expérience a démontré les inconvéniens de toute expertise préalable qui, ayant lieu sans un intérêt pressant et actuel, n'est jamais faite avec les soins et la précision nécessaires. Cette estimation serait d'ailleurs illusoire pour les objets susceptibles de déplacement ou de facile détérioration.

Dans le doute, il faut vérifier sommairement, en s'abstenant de toute recherche minutieuse ou importune.

96. La somme à assurer sur mobilier doit être répartie conformément au *modèle de police* n° 1.

On peut cependant se dispenser de cette répartition, lorsqu'elle présente quelque difficulté. On se borne alors à assurer une seule somme sur la totalité du mobilier, en affectant toutefois une somme spéciale à l'argenterie et aux bijoux.

97. Les diamans, pierreries, perles fines (*montés à usage personnel*), les bijoux, les tulles, les dentelles, les cachemires, l'argenterie, les médailles, les tableaux, curiosités, les statues et tous objets rares ou précieux doivent être spécialement désignés dans la police et ne peuvent être compris, dans l'assurance d'un mobilier, pour plus d'un *dixième* de sa valeur totale.

Cette règle est également applicable aux dentelles et cachemires faisant partie d'un commerce de mercerie et de nouveautés ; on ne doit aussi les comprendre dans l'assurance pour plus d'un *dixième*, à moins d'autorisation de la Compagnie.

98. L'appréciation des ustensiles, outils ou métiers appartenant à des marchands, artisans ou petits fabricans, s'opère comme celle du mobilier de ménage.

99. Les assurances sur marchandises d'un négociant, d'un détaillant ou d'un fabricant, se font pour une somme équivalente à celle qu'il a ordinairement en magasin. Cette somme s'apprécie d'après l'importance de son commerce, de sa fabrication, et d'après des renseignemens pris chez ceux qui exercent une industrie semblable.

Ces assurances donnant facilement prise aux combinaisons de la mauvaise foi, il importe de ne les accepter que de la part de personnes établies depuis longtemps et honorablement connues.

100. Les marchandises assujetties aux droits de régie, particulièrement les sucres dans les raffineries, doivent être assurées *droits compris*; et il faut en faire une mention spéciale dans la police.

101. La somme à assurer aux commissionnaires de roulage, sur marchandises en route, se détermine :

1° Par le nombre de voitures qu'ils expédient journellement ou chaque semaine ;

2° Par le nombre de jours (terme moyen) que chaque voiture doit rester en route ;

3° Par la somme que le commissionnaire veut faire garantir sur chaque chargement (*voir modèle de police* n° 15).

Ces indications doivent être consignées dans la proposition d'assurance ; on en vérifie l'exactitude par le journal d'expédition du proposant, et, au besoin, par des informations.

102. Les produits de récoltes s'évaluent d'après la quantité de terres qu'exploite le proposant, et en supputant ce qu'elles produisent année commune.

L'appréciation des bestiaux, des troupeaux et des instrumens aratoires s'opère aussi d'après l'importance de la culture.

103. Les bois taillis, bois futaies, s'assurent, d'après la contenance et l'aménagement, ainsi que d'après la valeur commune de l'hectare de bois dans le pays. Les bois au-dessous de deux ans ne doivent pas être compris dans l'assurance.

104. L'assurance du risque locatif est ordinairement basée sur la valeur du bâtiment loué. S'il y a plusieurs locataires dans une même maison, l'assurance du risque locatif doit être fixée pour chacun d'eux à raison de *quinze* fois au moins le montant annuel de son loyer.

105. Lorsque la Compagnie assure déjà le bâtiment, l'assurance du risque locatif consiste dans la renonciation de sa part au recours qu'elle aurait à exercer comme subrogée aux droits du propriétaire et jusqu'à concurrence de la totalité ou d'une partie de la somme qu'elle lui garantit. Cette renonciation ne doit pas être considérée comme l'assurance d'un nouveau capital. (*Voir modèle de police* n° 4.)

106. L'assurance du recours des voisins se fait pour la somme indiquée par le proposant, qui doit la proportionner au montant des réclamations auxquelles il pourrait se voir exposé de la part des propriétaires ou locataires des maisons voisines, ou encore des personnes occupant le même bâtiment que lui.

Une seule somme suffit pour un bâtiment ou risque unique pouvant communiquer le feu aux voisins. Mais s'il y a plusieurs bâtimens ou risques distincts pouvant communiquer l'incendie, il faut assurer une somme spéciale pour chacun.

107. L'assurance du mobilier industriel des fabriques réclame une grande attention. Elle doit être basée, non sur le prix que ce mobilier a pu coûter à établir, mais bien sur son degré de perfection et d'utilité, eu égard au temps qu'il a servi et au temps qu'il peut durer encore. Des métiers anciens et défectueux, des machines usées, ne doivent pas être assimilés à des objets neufs et d'un système perfectionné. C'est donc la valeur vénale au moment de la proposition qui doit déterminer le montant de l'assurance. Lorsque les connaissances personnelles de l'agent seront insuffisantes, il consultera soit un autre fabricant, soit un constructeur, et, au besoin, il s'en fera accompagner sur les lieux.

108. Lorsque sur des objets, dont l'assurance est proposée, il existe déjà d'autres assurances souscrites par des sociétés mutuelles, ou par d'autres Compagnies à primes, on ne doit assurer que la somme nécessaire pour compléter la valeur réelle.

CHAPITRE IX.

De l'application des primes et du droit de timbre.

ARTICLE **109.** Les primes à appliquer sont indiquées dans un tarif spécial pour chaque département.

110. Les primes du premier risque de la première et de la deuxième classe sont strictement exigibles; aucune réduction n'est permise, sous quelque prétexte que ce soit, si ce n'est en faveur des propriétés publiques.

Les primes des deux autres colonnes du tarif ne sont pas d'une application aussi rigoureuse. On peut les abaisser d'un degré, c'est-à-dire assurer le deuxième risque de la première classe au taux du premier risque de cette même classe ou bien réduire de 50 c. et de 1 p. 1,000 au besoin les primes du deuxième risque de la deuxième classe. Mais une plus forte réduction est rigoureusement interdite, et même il ne faut faire ces concessions qu'avec réserve, pour de bonnes constructions, et lorsque la crainte de manquer une affaire pourra justifier ces exceptions.

111. Pour l'appréciation du degré des risques, on considère surtout les constructions extérieures, c'est-à-dire les murs principaux des bâtimens, sans trop s'attacher aux constructions intérieures, telles que cloisons, escaliers, etc.

112. Lorsque des bâtimens de diverses constructions communiquent entre eux, la prime exigible, pour l'ensemble de ces bâtimens, est celle du risque le plus grave.

Lorsque diverses professions ou industries sont exercées dans un bâtiment, ou lorsque des marchandises de diverses espèces y sont renfermées, la prime exigible pour le bâtiment est celle qu'impose le risque le plus grave.

La même règle est applicable aux objets contenus dans un bâtiment.

113. Les primes des bâtimens sont inférieures à celles des objets qu'ils renferment, si ce n'est pour les risques les plus graves, dont la prime, contenant et contenu, est la même. (*Voir le tarif*.)

En aucun cas la prime des objets mobiliers n'est inférieure à celle du bâtiment qui les renferme.

114. Les écuries des maisons de simple habitation n'en augmentent pas la prime.

Les marchandises hasardeuses qui ne sont destinées qu'à la consommation habituelle d'un ménage, telles que huile, eau-de-vie, liqueurs, etc., ne sont pas considérées comme aggravant le risque, et ne donnent pas lieu à une augmentation de prime.

115. Dans les assurances de fermes ou exploitations rurales, la prime des récoltes en gerbes n'est pas applicable aux autres objets placés dans le même bâtiment.

116. Lorsqu'une profession augmentant les risques est exercée en petit dans un bâtiment, quand, par exemple, elle n'occupe qu'un étage d'une maison qui en a trois ou quatre, la prime de cette profession n'est applicable qu'aux objets qui en dépendent ; la maison, ainsi que les autres objets qu'elle contient, peuvent être assurés à la prime simple.

117. Lorsqu'il existe dans une maison ordinaire un débitant de poudre à tirer, dont l'approvisionnement excède 10 kilogrammes, la prime de cette maison, ainsi que celle du contenu, doit être augmentée *d'un quart* en sus.

118. La prime du risque locatif varie suivant que l'immeuble est ou n'est pas assuré par la Compagnie, savoir :

1° Si l'immeuble n'est point assuré par la Compagnie, il est dû *prime entière* égale à celle de l'immeuble, quand il s'agit d'une fabrique ou usine de la deuxième catégorie, et les *trois quarts* seulement pour tout autre risque ; mais sans que, dans aucun cas, cette prime puisse être inférieure à 20 centimes ; (*Voir tarif et modèles de police n*os *3 et 13.*)

2° Si l'immeuble est assuré par la Compagnie, il pourra être fait abandon de tout recours *sans augmentation de prime*, pendant la durée de l'assurance de cet immeuble; mais ce, par stipulation expresse, soit dans la police du propriétaire, soit dans celle du locataire qui fait assurer son mobilier, ses marchandises, ses bestiaux ou ses récoltes. (*Voir tarif et modèles de police n*os *2 et 4.*)

119. La prime du recours des voisins doit être au moins du *quart* de la prime la plus forte qui soit applicable à la maison de l'assuré ou à celle des voisins auxquels le feu pourrait être communiqué, sans que cette prime puisse jamais être au-dessous de 10 centimes p. 1,000. (*Voir tarif et modèles de police n*os *3 et 12.*)

120. Le risque locatif et le recours des voisins ne peuvent être assurés cumulativement ; l'assurance doit être distincte, tant pour le montant des sommes assurées que pour le taux des primes. (*Voir modèle de police n° 3.*)

121. La Compagnie assure, outre les risques d'incendie, contre tous bris et dégâts matériels résultant d'explosion de chaudières ou de gaz :

1° Si les objets ne sont pas garantis par la Compagnie, moyennant le *cinquième* de la prime fixée par le tarif, sans que cette prime puisse s'élever au-dessus de 1 franc p. 1,000, s'il s'agit de risque d'explosion de chaudières. (*Voir tarif et modèle de police n° 18.*)

2° Moyennant le *dixième* de la prime portée au tarif, sans que cette prime puisse être au-dessus de 30 centimes p. 1,000, s'il s'agit de risque d'explosion de gaz. (*Voir tarif et modèle de police n° 19.*)

122. Si les objets sont assurés par la Compagnie, les bris et dégâts provenant d'explosion de *chaudières de machines à vapeur* ou *de gaz* servant à l'éclairage peuvent être garantis en même temps que les autres risques, sans prime supplémentaire, à charge par l'assuré d'en faire la stipulation dans sa police (*art. 1 et 2 de la police ; voir tarif et modèles n*os *11, 12, 13 et 14*).

123. Les bateaux dans les ports ou sur les rivières et les fabriques de gaz ou gazomètres sont exceptés de cette assurance et ne peuvent être couverts que contre les risques d'incendie seulement.

124. Dans les assurances de marchandises ordinaires, on tolère, sans augmentation de prime, soit un *dixième* de marchandises faciles à endommager ou de marchandises hasardeuses, soit un *vingtième* de marchandises doublement hasardeuses.

Ainsi, par exemple, si l'on assure 100,000 francs sur un magasin de vin, contenant et contenu, on peut comprendre dans l'assurance, sans augmentation de prime, en le mentionnant dans la police.

— soit 10,000 fr. d'eaux-de-vie, — soit 5,000 fr. d'esprits, — soit 5,000 fr. d'eaux-de-vie et 2,500 fr. d'esprits. (*Voir modèle de police n° 6.*)

Au-delà de ces proportions, la prime des marchandises hasardeuses doit être exigée, et, dans ce cas, on tolère dans l'assurance jusqu'à *dix pour cent* de marchandises doublement hasardeuses.

125. Les marchandises hasardeuses ou doublement hasardeuses, à l'usage d'une profession, d'une fabrique ou d'une usine tarifées à un taux moindre, ne sont soumises qu'à la prime due par cette profession, fabrique, etc., pourvu que leur quantité n'excède pas l'approvisionnement ordinaire.

126. La prime fixée au tarif pour les marchandises faciles à endommager n'est applicable qu'à ces marchandises elles-mêmes, sans influer sur les bâtimens qui les renferment, ni sur les objets mobiliers ou autres marchandises auxquelles elles peuvent se trouver réunies.

127. Lorsque des approvisionnemens de marchandises varient suivant les époques de l'année, on peut les assurer pour des sommes diverses, selon la période de l'année, mais, dans ce cas, la prime doit toujours être appliquée d'après les règles établies pour les assurances de moins d'une année, savoir :

Un tiers de la prime annuelle pour trois mois et au-dessus ;
Deux tiers de la prime pour trois mois un jour jusqu'à six mois ;
Prime entière pour six mois un jour à un an. (*Voir le Tarif.*)

Ainsi, un négociant veut faire assurer des marchandises ordinaires pour 100,000 fr. pendant 3 mois ; — pour 60,000 fr. pendant les 3 mois suivans ; — Pour 30,000 fr. seulement pendant le reste de l'année.

La prime doit être calculée comme suit :

100,000 fr. du 1er janvier au 31 mars, 1/3 de la prime de 75 c., soit 25 c. . . . . . 25 fr.
60,000 fr. du 1er avril au 30 juin, d° 25 c. 15
30,000 fr. du 1er juillet au 31 décembre, 2/3 d° 50 c. 15

Prime totale. . . . . 55 fr.

128. Par exception à la règle ci-dessus, les marchandises et approvisionnemens dans les fabriques et usines doivent toujours, comme celles-ci, payer la prime de l'année entière, à moins qu'on ne les assure dans de simples magasins formant des risques entièrement distincts, ou qu'il ne s'agisse de charbons dans des halles à l'usage des forges. (*Voir le tarif*).

129. Lorsque des récoltes ou meules sont rentrées dans des bâtimens, avant l'expiration de la police, l'assurance continuera son effet, jusqu'à son terme, quelle que soit la classe à laquelle les bâtimens appartiennent. (*Voir le tarif*).

130. Les marchandises, provisions et ustensiles, placés sous des hangars couverts en bois, ne doivent que *le double* de la prime de la première classe, pourvu que ces hangars ne soient pas clos, et ne contiennent aucun foyer.

131. Dans les fabriques ou usines, tout risque sans communication, contigu à un risque plus grave, même lorsqu'il en est séparé par un mur en pierre sans ouverture, doit payer les *deux cinquièmes* de la prime applicable à ce dernier.

Ainsi un bâtiment contigu à un autre payant 5 p. 1,000 est passible de la prime de 2 p. 1,000. Un bâtiment de simple habitation adjacent à ce dernier, doit payer au moins 80 c. p. 1,000 (1).

Dans aucun cas la prime d'un risque ne peut descendre au-dessous du taux dont il est passible par lui-même.

132. Lorsqu'il y a communication, la prime du risque le plus grave doit être appliquée à l'ensemble du risque. Toutefois, si l'ouverture est fermée par une porte en fer, ou une porte en

---

(1) Cette règle n'est point applicable aux filatures de lin et de chanvre, dans lesquelles les portes en fer ne sont pas considérées comme séparation de risques (*Voir tarif spécial*).

bois doublée de fer, on pourra se contenter, pour le risque le plus faible, de la moitié de la prime du risque principal.

133. Lorsqu'il existe des ponts de communication ou passages réunissant des bâtimens de divers risques, si ces ponts ou passages sont ouverts latéralement, on ne les considère pas comme rendant les risques communs, et chaque bâtiment reste passible de sa propre prime. Quand, au contraire, les ponts et passages présentent une construction couverte et fermée sur les côtés par des murs ou cloisons, le risque le plus faible doit être soumis à la moitié de la prime du risque le plus grave.

134. Une machine à vapeur est considérée comme formant un risque distinct, lorsque, placée en dehors d'une fabrique ou usine, elle n'y communique que par les ouvertures nécessaires à la transmission des mouvemens.

Au contraire, les moteurs hydrauliques doivent payer la même prime que les établissemens dont ils dépendent, quand bien même il n'y aurait aucune ouverture autre que celles nécessaires pour la transmission de la force.

135. Si, dans les filatures de coton, le batteur est entièrement séparé, la prime de chacun des risques portée au tarif, est réduite de 50 c. p. 1000.

Le batteur séparé, doit, dans ce cas, payer au moins 11 f. p. 1,000, quel que soit le mode de chauffage ou d'éclairage de la filature.

136. Quand les ateliers de filatures de laine grasse ou cardée sont carrelés, la prime de ces risques est réduite de 1 f. p. 1000.

137. La prime des moulins à blé, mus par l'eau ou par la vapeur, varie selon le nombre de meules que contient le moulin (*voir tarif et modèle de police n° 9*); elle ne peut être modifiée, quoiqu'une partie des meules reste au repos, pendant que les autres fonctionnent.

138. Tout bâtiment situé à la campagne et servant à une exploitation rurale, doit payer la prime des fermes.

Cependant cette prime peut être réduite à celle des petits cultivateurs, toutes les fois que la somme proposée à l'assurance ne dépassera pas 3,000 fr. pour les bâtimens et 1,000 fr. pour les récoltes, les bestiaux et le mobilier aratoire (*voir le tarif*).

139. Tout risque contigu à un bâtiment couvert en bois ou en chaume, même lorsqu'il en est séparé par un mur en pierre ou briques, sans ouverture, doit payer au moins les deux cinquièmes de la prime applicable à ce dernier risque; ainsi, dans la supposition où celui-ci serait tarifé à 4 p. 1000, il faudrait exiger 1 fr. 60 c. pour 1,000 pour le risque contigu.

Par exception, lorsqu'un simple appentis, couvert en bois ou en chaume, est adossé à un mur en pierre sans ouverture, le bâtiment adjacent ne paie que la prime qui lui est propre.

140. Les bâtimens de couverture mixte, c'est-à-dire ceux couverts partie en tuiles ou ardoises, partie en bois ou chaume, doivent payer les *trois quarts* de la prime du risque le plus grave, lorsque la partie couverte en chaume ou en bois est la plus étendue. Dans le cas contraire, ils ne sont assujettis qu'à la *moitié* de la prime dudit risque.

141. Les bâtimens couverts en *asphalte* ou *bitume mêlé de sable* sont considérés comme risques de 1re classe; ceux couverts en *bois* ou *tissus gondronnés ou bitumés*, paient, suivant leur construction, la même prime que les risques de deuxième classe.

142. Quand un bâtiment ne fait pas partie d'une fabrique ou usine, mais y est contigu, il doit néanmoins les *deux cinquièmes* de la prime dont celle-ci est passible. Cependant cette règle n'est absolue que si le risque voisin est une *filature de coton, de lin ou de laine, une fabrique ou raffinerie de sucre, une fabrique de garance, de térébenthine ou de cuirs vernis*.

Dans les autres cas, la Compagnie, consultée, indiquera la prime à demander, selon les circonstances que l'agent fera connaître.

143. Les primes des théâtres en chômage ou en exploitation, des maisons contiguës auxdits théâtres, des recours de voisins, des magasins de décors, avec ou sans ateliers, sont l'objet d'un tarif spécial et de conditions particulières. (*Voir modèle de police n° 16.*)

144. Les gares et stations de chemins de fer, les remisages de locomotives et wagons, les ateliers de réparation et le matériel roulant, sont également soumis à un tarif spécial.

145. Il est accordé un rabais de 25 p. % sur les primes des propriétés publiques, c'est-à-dire des bâtimens et valeurs mobilières, appartenant *à l'État, aux départemens ou communes, aux hospices et établissemens de bienfaisance, aux cultes et communautés religieuses*.

Les salles de spectacle sont exceptées de cette remise.

146. La Compagnie renonce, sans augmentation de prime, à tous recours locatifs contre les personnes occupant, en raison de leurs fonctions ou à titre gratuit, les propriétés publiques qu'elle a assurées.

147. Les orgues des églises doivent payer la prime des objets faciles à endommager.

Les bibliothèques et musées appartenant aux villes ne paient que la prime du mobilier ordinaire.

148. Les renouvellemens ou augmentations d'assurance ne peuvent être acceptés qu'aux primes en vigueur à l'époque de la souscription de la nouvelle police.

149. Nonobstant les changemens qui peuvent être apportés au tarif, les primes stipulées dans les polices sont invariables pendant toute la durée des assurances.

150. Lorsqu'une assurance porte sur des objets formant des risques divers, il faut exiger pour chaque risque la prime qui lui est propre, et on ne peut pas se contenter d'une prime moyenne pour le tout.

151. En sus de la prime applicable à chaque risque, les assurés ont à payer un droit de 3 centimes pour 1,000 de la totalité des sommes comprises dans leur police, pour indemniser la Compagnie de l'abonnement pour timbre et des autres frais mis à sa charge par la loi du 5 juin 1850.

152. Lorsque l'assurance est faite pour six mois ou même pour trois mois seulement, les 3 centimes doivent être perçus intégralement comme pour l'année entière.

153. Dans le calcul total des primes, y compris le droit de timbre, il faut arrondir le nombre des centimes en le forçant de 5 en 5.

Quelque minime que soit la somme assurée, le droit de timbre est au moins de 5 centimes.

CHAPITRE X.

De la Police.

154. La Compagnie ne peut être engagée par des conventions verbales. Elle ne reconnaît comme valable aucune promesse d'assurance faite par ses agens, lors même que cette promesse serait avouée par eux.

155. Aux termes de l'article 33 de la loi du 5 juin 1850, tout contrat d'assurances doit être rédigé sur papier d'un timbre de dimension, sous peine de 50 francs d'amende contre l'assureur.

156. La police ne peut être faite que sur les imprimés fournis par la Compagnie et revêtus du timbre d'abonnement. Ces imprimés sont de deux formats : le plus grand, destiné aux assurés ; le plus petit, à l'usage de la Compagnie et de l'Agence.

Des feuilles intercalaires, frappées aussi du timbre d'abonnement, peuvent être ajoutées en cas de besoin aux polices.

157. Les conditions générales du contrat, dérivant des principes relatés au commencement des présentes instructions, sont imprimées en tête des polices.

Il ne peut être consenti par les agens aucune dérogation à ces conditions ; il leur est également interdit d'en biffer aucune partie et d'y ajouter aucune modification ou interprétation.

158. Les conditions particulières ou manuscrites de la police indiquent, notamment :

1° Les noms, prénoms, profession et domicile de celui qui fait assurer ;
2° La qualité en laquelle il agit ; (*Art. 6 de la Police*).

3° Les sommes assurées ;
4° La désignation exacte et la situation précise des objets assurés ;
5° Les principales circonstances qui déterminent la nature du risque ;
6° La durée de l'assurance ;
7° Le taux, le montant et le mode de paiement de la prime.

159. L'assurance peut être faite au nom de toute personne ayant intérêt à la conservation de l'objet assuré.

160. L'assurance peut être contractée non seulement par les majeurs non interdits, mais encore par le mineur émancipé ; par la femme séparée de biens, pour ce qui lui appartient ; par la femme marchande publique, pour les objets de son commerce ; et par la femme mariée sous le régime dotal, pour ses biens paraphernaux. Dans les autres cas, la femme mariée ne peut contracter l'assurance, ou du moins s'obliger au paiement d'une prime annuelle, sans le consentement de son mari.

161. Si un immeuble n'est possédé qu'en vertu d'un bail emphytéotique, si la propriété est indivise, l'assuré doit le déclarer.

Si l'immeuble assuré a été construit sur le terrain d'autrui, il doit en être fait mention dans la police.

162. On peut assurer un négociant-commissionnaire sans désigner la personne pour compte de laquelle l'assurance est faite ; le contractant déclare alors agir *pour compte de qui il appartiendra*.

163. Plusieurs personnes ne peuvent contracter par la même police, à moins qu'il ne s'agisse de biens indivis.

164. On peut garantir, par une seule et même police, des bâtimens et leurs dépendances avec ce qu'ils renferment, et même diverses propriétés situées en plusieurs lieux et appartenant à la même personne.

165. Lorsque l'assurance porte sur plusieurs propriétés, une somme spéciale doit être assurée sur chacune d'elles. Cette règle s'applique aussi aux divers bâtimens dépendant d'une même propriété, surtout s'ils forment des risques distincts.

166. Dans l'assurance d'un mobilier, les sommes assurées sur argenterie de ménage, sur bijoux et sur tulles, dentelles et cachemires doivent toujours être exprimées.

167. Dans l'assurance des propriétés rurales, il faut indiquer séparément les sommes assurées sur les bestiaux, sur les récoltes en grains, sur celles en gerbes, sur les meules, etc.

168. Dans l'assurance des fabriques et usines, il faut exprimer, outre les sommes assurées par bâtimens, celles portant sur le mobilier industriel, sur les moteurs, sur les appareils d'éclairage, sur les marchandises en fabrication, sur celles fabriquées, etc.

169. Les objets assurés doivent être succinctement désignés ; il faut éviter des détails minutieux sur les constructions et distributions intérieures, ainsi qu'une nomenclature détaillée des objets mobiliers. Mais il importe d'indiquer avec soin la construction des murs extérieurs et la couverture des bâtimens.

170. La situation des bâtimens assurés, ou renfermant les objets assurés, doit être clairement indiquée, de manière que leur identité puisse toujours être constatée.

Si un bâtiment est contigu, avec ou sans communication, à d'autres bâtimens, surtout à des bâtimens présentant un risque plus grave, il est nécessaire de le mentionner et d'indiquer si les murs de séparation sont en pierres, briques ou charpente.

Lorsqu'une propriété est composée de plusieurs bâtimens, un tracé des lieux doit être mis à la suite de la police.

171. Si une maison est occupée par un ou plusieurs locataires, il est bien de mentionner cette circonstance dans la police, en indiquant les professions qui y sont exercées.

172. Lorsque l'assurance porte sur des marchandises, il est nécessaire de désigner d'une manière générale l'espèce de ces marchandises, et d'indiquer surtout s'il y en a de faciles à endommager, de hasardeuses et doublement hasardeuses.

Dans le cas prévu par l'article 124, une clause spéciale, limitant la valeur de ces dernières, doit être insérée dans la police. (*Voir modèle de police n° 6.*)

173. La Compagnie assure les vers à soie en travail, mais avec des conditons restrictives qui sont indiquées dans un modèle spécial. (*Voir formule n° 4.*)

174. Si l'assurance porte sur une usine ou fabrique, la police indique :

1° Le moteur, soit manége, machine hydraulique ou machine à vapeur ;
2° Le genre de chauffage et d'éclairage ;
3° La disposition des séchoirs, étuves, fours et autres locaux où l'on emploie le feu comme agent de fabrication.

175. Dans les filatures de coton, il faut indiquer, en outre, la situation exacte du batteur et dire si le battage se fait dans un bâtiment isolé ou séparé de la filature par un mur en maçonnerie s'élevant jusqu'au toit.

176. L'éclairage au gaz, dans une fabrique ou usine, pouvant être suspendu par accident ou autre cause, la Compagnie accorde la faculté d'éclairer l'établissement par des quinquets à l'huile ; si cet éclairage se prolonge au-delà de *quinze jours* l'assuré devra payer le supplément de prime indiqué au tarif.

177. Lorsqu'une fabrique ou usine n'est point chauffée, elle peut être assurée à la prime des fabriques ou usines chauffées à la vapeur ; mais, dans ce cas, la déclaration devra en être faite dans la police.

178. Pour les moulins à blé mus par l'eau ou par la vapeur, l'assuré devra déclarer dans la police le nombre de paires de meules fonctionnant continuellement ou alternativement, et s'obliger, pour le cas où il en établirait d'autres, à se soumettre à l'article 8 des conditions générales. (*Voir modèle de police n° 9.*)

179. Les polices des théâtres doivent indiquer le nombre annuel des représentations, bals ou concerts, et les diverses mesures d'ordre et de précaution auxquelles ils sont assujettis. (*Voir modèle de police n° 16.*)

180. Lorsqu'un propriétaire demande que l'assurance profite à un créancier désigné, la police contiendra les clauses spéciales désignées au *modèle de police n° 8* (2me cas).

Si l'assurance est faite au nom d'un créancier, elle est formulée conformément audit modèle (2me cas).

181. L'assurance du risque locatif est libellée diversement, selon que le bâtiment est déjà assuré ou non par la Compagnie.

Dans le premier cas, l'assurance n'est de sa part qu'une renonciation à un recours, et aucun capital ne doit figurer dans les sommes assurées.

Dans le second cas, la somme, jusqu'à concurrence de laquelle le risque est garanti, doit être ressortie. (*Voir modèles de polices n°s 3 et 13.*)

182. La Compagnie peut n'assurer qu'une partie des objets en risque ; elle peut encore assurer la totalité desdits objets, mais seulement pour une partie de leur valeur.

Si l'assuré fait garantir le surplus des objets ou l'excédant de leur valeur par d'autres Compagnies, il doit en être fait mention dans la police (*voir modèles de polices n°s 7 et 12*) ; mais dans aucun cas, il ne peut être stipulé de solidarité avec elles.

183. L'assurance contre l'explosion des chaudières des machines à vapeur ou contre l'explosion du gaz servant à l'éclairage, est limitée aux objets déjà garantis dans la police contre les risques d'incendie ; elle doit être formulée dans les termes indiqués *aux modèles de polices n°s 3, 11, 12, 13 et 14.*

184. Le droit de timbre forme un article spécial qui termine les conditions particulières.

185. La police ne prend cours que du lendemain de sa date à midi ; elle ne peut avoir d'effet rétroactif.

Sa durée est d'au moins trois mois, en ce sens que, pour une plus courte durée, la prime de trois mois est toujours exigible. Le terme de la police doit être ordinairement de dix années.

186. On ne peut comprendre dans la même police des assurances de durées diverses, à moins qu'il ne s'agisse de produits de récoltes, de charbons dans les forges, ou de marchandises dont l'approvisionnement varie suivant certaines époques de l'année. (*Voir modèles de polices* n°s 5 *et* 10.)

187. La prime de la première année ou du terme moindre pour lequel l'assurance a été faite doit être payée comptant ; il est interdit de recevoir des billets à terme en paiement des primes au comptant.

188. Lorsque l'assuré consent à payer comptant les primes de toutes les années, il lui est accordé un escompte de :

5 p. 0/0 sur la prime de la 2e année ; — 10 p. 0/0 sur la prime de la 3e année, et ainsi de suite.

Si l'assurance est faite pour six ans, il est accordé la remise d'une année, à titre d'escompte, pourvu que l'assuré paie comptant le montant de cinq années.

Si l'assurance est consentie pour dix années, on peut accorder la remise de deux années à titre d'escompte.

189. Afin de faciliter les recouvremens, il faut faire en sorte d'obtenir le paiement comptant, pour toute la durée de l'assurance, des petites primes qui ne s'élèvent qu'à 2 ou 3 fr. par année.

190. Lorsque l'assurance a lieu pour une ou plusieurs années et quelques mois, la fraction de prime, si elle est peu importante, s'ajoute à la prime au comptant ; dans le cas contraire, elle est rejetée à la fin de l'assurance.

191. La police porte la date du jour où elle est signée par l'agent général et par l'assuré ; elle est datée du siège de l'agence, et non du domicile de l'assuré ou de tout autre lieu.

192. La police est faite en triple expédition, une *grand format*, pour l'assuré ; les deux autres, *petit format*, pour les archives de la Compagnie et pour celles de l'Agence.

Chaque expédition de la police est signée par les parties.

193. Si l'assuré ne sait pas écrire, il fait signer sa police par un fondé de pouvoirs ou bien par une personne solvable, se portant fort pour lui. On peut encore se contenter de sa marque apposée en présence de deux témoins, qui la certifient par leur signature.

194. La police ne peut être délivrée à l'assuré qu'après qu'elle a été signée par lui et par l'agent général fondé de pouvoirs, et que la prime au comptant a été payée.

Il faut éviter de recevoir la signature de l'assuré sans encaisser de suite la prime.

195. Outre la prime d'assurance et les droits de timbre, les assurés sont tenus de payer 2 fr. par police pour frais d'expédition. Il ne peut en être fait remise sous aucun prétexte.

196. Des modèles annexés aux présentes instructions guideront MM. les agens dans la rédaction des polices pour les cas les plus usuels. Ils doivent toujours s'y reporter.

197. Lorsque les conditions particulières ne remplissent pas tout l'espace réservé, il faut tirer des lignes ou des traits sur la partie vide, afin qu'on ne puisse rien intercaler.

Les ratures, surcharges, mots interlignés, doivent être approuvés par une mention paraphée des parties. Les sommes et les dates sont écrites en toutes lettres dans le corps de la police.

198. Il faut éviter de se servir des mots *valant*, *estimé*, *évalué*, et de toute autre locution analogue qui pourrait donner aux assurés le prétexte de soutenir que, contrairement aux conditions générales, la valeur a été reconnue et agréée par la Compagnie.

199. Pour la simplification des calculs, et éviter toute apparence d'évaluation, il faut toujours faire les assurances par nombres ronds de centaines. c'est-à-dire sans dizaines et unités.

200. Il faut, autant que possible, éviter l'emploi de termes locaux qui pourraient empêcher la Compagnie de bien comprendre la nature des risques.

201. La police ne doit jamais relater l'examen ou la reconnaissance des lieux ou des objets assurés, qui aurait été faite par l'agent ou l'agent spécial.

202. La police porte un numéro d'ordre, l'un placé à droite, *en toutes lettres*, l'autre placé à gauche, *en chiffres*, et dont la série doit être suivie sans interruption, même dans le cas de mutation de l'agent général.

203. Lorsqu'une assurance aura été souscrite en vertu d'une autorisation spéciale, la date de la lettre d'autorisation sera mentionnée *en tête* de l'expédition destinée à la Compagnie.

204. Lorsqu'une police portera sur un risque commun avec un autre déjà assuré, il en sera fait mention en tête de l'expédition destinée aux archives de la Compagnie. On indiquera aussi si la police est le renouvellement ou le remplacement d'une autre.

205. Lorsqu'une police en remplace une autre non expirée, il y a lieu à ristourne, ou restitution de la prime payée pour l'année courante, au prorata du temps restant à courir ; le remboursement doit être alors stipulé dans la police et porté, en déduction, sur le montant de la prime au comptant de la police nouvelle. (*Voir modèle de police n° 12.*)

206. Dans le cas prévu par l'article 53 ci-dessus, l'agent général rédige la police en une seule expédition, qu'il signe comme assuré ou qu'il fait signer par le propriétaire. Il l'envoie à la Compagnie, qui en fait une seconde expédition, qu'elle signe et adresse à l'agent ; celui-ci enfin en fait une ampliation qu'il conserve pour les archives de l'agence.

207. Il est expressément recommandé aux agens généraux de ne jamais remettre à leurs agens spéciaux des polices en blanc ou signées en blanc, ni même des polices incomplètes, en les chargeant de les remplir.

CHAPITRE XI.

Des polices à effet différé et des réassurances.

208. La police peut n'avoir d'effet que quelque temps après sa date. Mais son point de départ, c'est-à-dire le jour où elle commence à prendre son effet, ne doit pas, généralement, être différé de plus de deux années.

Dans ce cas, la prime de la première année n'est payable qu'à l'époque où commence l'effet de l'assurance. L'assuré ne paye immédiatement que les 2 fr. du coût de la police, et le prix de la plaque.

209. Les polices à effet différé, en garantissant à l'agent le bénéfice de l'assurance, servent :
1° Au renouvellement anticipé des assurances déjà souscrites par la Compagnie ;
2° Aux reprises d'assurance sur d'autres Compagnies, à primes ou mutuelles.

210. Les renouvellemens ne peuvent être faits par avenant, ni par prolongation des anciennes polices ; il faut nécessairement faire une police nouvelle aux primes et conditions en vigueur au moment de la signature.

211. Lorsqu'il s'agit d'un risque dont la Compagnie s'est réservé l'acceptation, il faut préalablement lui soumettre la proposition de renouvellement, et la consulter même quelque temps à l'avance et sans attendre la décision de l'assuré.

212. Lorsqu'un propriétaire, déjà garanti par d'autres assureurs, consent, avant l'expiration de son engagement, à se faire assurer par la Compagnie, elle ne se met pas en son lieu et place vis-à-vis des premiers assureurs et n'accepte aucune des charges résultant de la précédente assurance ; elle se borne à garantir le risque à dater du jour fixé par son propre contrat.

213. On entend généralement par *réassurance* une assurance contractée d'assureur à assureur, c'est-à-dire consentie par la Direction d'une Compagnie à une autre Compagnie, en raison d'une assurance souscrite par l'une d'elles et dont elles conviennent de couvrir proportionnellement le risque.

214. Les réassurances sont faites *directement* et *uniquement* par la Compagnie, *sans le concours de l'assuré ou de l'agent*, soit qu'elle cède une partie d'un risque assuré par elle, soit qu'elle prenne à sa charge une partie de celui souscrit par une autre Compagnie.

215. Toutes les fois qu'un agent aura fait des démarches pour obtenir directement une part dans une assurance importante, il devra faire connaître, autant que possible, le chiffre qui peut lui être attribué, afin que la Compagnie n'accepte pas préalablement en *réassurance* une partie de ce même risque.

CHAPITRE XII.

Des plaques.

216. Les plaques ont pour but d'indiquer l'existence de l'assurance mobilière ou immobilière, *sans exception*.

217. L'apposition de la plaque n'est pas une des conditions essentielles du contrat d'assurance, mais elle a une double utilité :

Pour l'assuré, parcequ'elle fait connaître l'existence de l'assurance et qu'elle a pour effet de déconcerter les projets de la malveillance ou des vengeances particulières.

Pour la Compagnie, parce que c'est un moyen de propagande permanente et que la multiplicité de ses plaques est aux yeux du public une preuve de ses progrès et du crédit dont elle jouit.

218. Les agens doivent faire en sorte de multiplier, autant que possible, le signe indicatif des opérations de la Compagnie et insister, par conséquent, pour que les assurés prennent des plaques et les fassent placer à l'endroit le plus apparent de leurs propriétés ou de leur demeure.

219. Quand l'assurance porte sur des récoltes en meules, des chantiers ou autres objets abandonnés à la foi publique, il importe que les plaques soient ostensiblement placées sur ces objets.

220. Les plaques grandes et moyennes sont destinées aux édifices publics, établissemens, magasins etc.; les petites plaques doivent être posées sur les petits bâtimens et dans l'intérieur des maisons, au-dessus des appartemens occupés par chaque assuré.

221. La plaque ne doit être remise qu'après la signature de la police et le paiement de la prime, de crainte qu'on ne cherche à induire de sa pose prématurée que la Compagnie se trouve engagée.

222. MM. les agens sont comptables de la valeur des plaques qui leur sont envoyées par l'administration et qu'ils doivent porter en recette dans le mois de leur réception. (*Voir modèle n° 21.*)

CHAPITRE XIII.

Des avenans ou des changemens et annulations.

223. Les assurances, pendant leur cours, peuvent éprouver des changemens.

Les changemens sont ordinairement occasionnés :

1° Par l'augmentation ou la diminution du capital assuré ;

2° Par le changement de domicile de l'assuré ou le transport des objets assurés d'un lieu dans un autre;

3° Par des variations survenues dans la nature du risque, ou dans la disposition des lieux :

4° Par une nouvelle répartition des sommes assurées;

5° Par des mutations de propriété;

6° Par l'application de certaines conditions de la police.

224. Les changemens s'opèrent par une nouvelle police qui annule la précédente, lorsqu'ils exigent des détails qui compliqueraient la rédaction, ou lorsqu'ils ont pour effet de diminuer les primes ou d'augmenter les valeurs assurées.

Toutefois s'il s'agit d'augmentation d'une faible importance, ce changement peut être constaté par un acte additionnel qui se nomme *avenant*.

225. Lorsque le changement à opérer dans une police ne consiste qu'à indiquer un simple changement de domicile, ou de transport des objets assurés, de raison sociale ou de mutation de propriétaire, sans qu'il y ait modification dans les valeurs garanties ou les primes, ce changement peut-être également constaté par *avenant*.

226. Les avenans sont faits en triple expédition, sur des imprimés fournis par la Compagnie, et revêtus du timbre d'abonnement. Ils portent en tête la date et le numéro de la police à laquelle ils se rattachent, ainsi que le nom de l'assuré.

Ils énoncent les motifs et les effets du changement, et servent à constater toutes déclarations résultant des conditions générales de la police. Ils sont, de même que les polices, datés du chef-lieu de l'agence et signés par les parties.

227. Lorsque, par suite de vente, il y a changement de propriétaire des choses assurées, l'avenant doit être signé par l'ancien assuré, ainsi que par le nouveau propriétaire, au profit duquel l'assurance continue. (*Voir modèle d'avenant n° 20.*)

228. Lorsqu'il est fait successivement plusieurs avenans à une même police, on les distingue par ces mots : *premier* avenant, *deuxième* avenant, etc.

229. Un avenant ne peut s'appliquer collectivement à plusieurs polices ; il faut autant d'avenans qu'il y a de polices à modifier.

230. Les rectifications, résiliations ou annulations d'assurances s'opèrent aussi par avenans. (*Voir modèle d'avenant n° 28.*)

231. Lorsque des changemens, réductions ou annulations sont demandés par les assurés, les agens, avant de les admettre, doivent examiner s'ils sont bien motivés.

232. Les déclarations d'assurances supplémentaires, consenties pendant le cours de l'assurance par d'autres Compagnies, doivent également être constatées par des avenans. (*Voir modèle n° 24.*) Avant de le faire, MM. les agens auront à vérifier si les assurances réunies n'excèdent pas la totalité des valeurs à garantir.

233. Les avenans sont annexés aux polices qu'ils concernent, et une expédition de chacun d'eux doit être envoyée à la Compagnie aux époques indiquées pour l'envoi des polices.

234. La rédaction des avenans exigeant beaucoup de soin, des modèles pour les cas les plus usuels se trouvent à la suite des présentes instructions. MM. les agens sont priés de s'y conformer ponctuellement.

235. Les agens ne peuvent souscrire aucun avenant à des polices qui n'appartiennent pas à leur agence.

236. Le coût d'un avenant à payer par l'assuré est de 1 fr.

237. Quoique les assurés soient tenus de prévenir la Compagnie des changemens que peuvent éprouver leurs risques, l'agent, lorsque ces changemens viendront à sa connaissance, avant que la déclaration lui en ait été faite, rappellera aux assurés leur obligation, et les invitera à se mettre promptement en règle.

238. Si, pendant la durée d'une assurance, l'agent reconnaît qu'elle offre des dangers graves, et au-delà de ses prévisions, que les objets en risque ont été assurés pour une somme exagérée, ou ont beaucoup perdu de leur valeur, ou enfin que l'assuré a fait de mauvaises affaires, et ne présente plus les mêmes garanties de moralité et d'intérêt à la conservation de la chose assurée, il doit en instruire la Compagnie et demander ses instructions.

239. MM. les agens sont comptables des polices et avenans qui leur sont adressés par la Compagnie et qu'ils doivent porter en recette dans le mois de leur réception. (*Voir modèle n° 21.*)

Si quelques-uns de ces imprimés avaient dû être remplacés, ou s'ils étaient hors de service, l'agent général en indiquera le nombre et pourra les porter en déduction dans son décompte mensuel. (*Voir modèle n° 21*).

CHAPITRE XIV.

Des Recouvremens des primes.

240. Lorsque l'assurance est faite pour plusieurs années, l'assuré prend l'engagement dans la police de payer la prime, chaque année, à l'échéance fixée.

241. Aux termes de la police, les quittances de prime que MM. les agens délivrent aux assurés sont extraites d'un registre à souche, qui est fourni par la Compagnie.

A cet effet, les agens devront préparer les quittances dans le mois qui précède leur échéance, en ayant soin de remplir en même temps le talon de la souche.

242. D'après l'article 5 des conditions générales de la police, les primes annuelles sont payables au siége de l'agence, et il est accordé à l'assuré un délai de *quinze jours* pour les acquitter.

En conséquence, avant l'expiration de ce délai, il doit être adressé à l'assuré un *premier avertissement* pour lui rappeler son engagement. Pour que ces avertissemens parviennent sans frais, ils sont mis sous bande et affranchis, et, à cet effet, ils ont été imprimés sur des feuilles timbrées auxquelles il ne faut rien ajouter de manuscrit. Si le premier est resté infructueux, le *deuxième avertissement* devra être adressé dix jours après le premier. Ce second avis n'est pas affranchi.

243. Comme, malgré les termes de la police, l'usage s'est introduit généralement de faire recevoir les primes au domicile de l'assuré, il ne faut pas se borner aux avertissemens mentionnés dans l'article précédent : il faut encore, par l'entremise des agens spéciaux, faire présenter les quittances au domicile des assurés et en réclamer le paiement.

244. Lorsque les primes n'auront pas été acquittées dans le mois qui suit leur échéance, on examinera si elles doivent être portées en non-valeurs.

Les cas de non-valeur sont :

1° L'extinction des risques, par suite de démolition, cessation de commerce, disparition des objets mobiliers, etc.

2° L'insolvabilité notoire de l'assuré.

245. Dans les divers cas ci-dessus, il faut, autant que possible, stipuler le résiliement de l'assurance par un *avenant*, ou, si quelque circonstance s'y oppose, faire en sorte de retirer la police originale des mains de l'assuré, ou profiter du non-paiement de la prime pour résilier la police par une notification.

246. Quand il n'y a pas lieu de résilier l'assurance, et si, après avoir reçu les deux lettres d'avertissement, l'assuré persiste à ne point se libérer, on le fait citer devant le juge de paix du domicile de l'agent général qui a souscrit la police, d'abord par une simple lettre de ce magistrat, conformément à l'art. 17 de la loi du 25 mai 1838 sur les justices de paix (*voir modèle* n° 36); puis, si la lettre de M. le juge de paix ne produit pas d'effet, ou si ce magistrat n'avait pas jugé à propos de l'écrire, on fait adresser à l'assuré retardataire, par un huissier, la lettre *modèle* n° 37.

247. Avant de faire des frais, l'agent doit s'enquérir avec soin de la solvabilité de l'assuré : il faut, à cet effet, s'informer s'il est encore propriétaire des objets soumis à l'assurance, s'il n'est pas failli, séparé de biens, s'il doit des loyers à son propriétaire, s'il est sous le coup d'une saisie ou d'une revendication, etc.

248. S'il y a plusieurs retardataires dans une commune, il ne faut pas les citer tous à la fois ; on doit commencer par quelques-uns des plus influens, afin que leur condamnation serve d'exemple et détermine les autres à se libérer d'eux-mêmes.

249. Pour toute prime inférieure à 200 fr., l'assuré doit être assigné devant le juge de paix du domicile de l'agent général (*art. 5 de la police*).

Si la prime s'élève à plus de 200 fr., après avoir cité l'assuré en conciliation par-devant le juge de paix, on porte l'affaire devant le tribunal de première instance.

Si l'assuré est un commerçant ou fabricant *ayant agi pour le fait de son commerce ou de son industrie*, il convient, quelle que soit l'importance de la demande, de l'assigner directement par-devant le tribunal de commerce.

250. D'après une jurisprudence constante, les assurés retardataires sont condamnés au paiement de leurs primes, et tous les frais, y compris ceux d'enregistrement, retombent à leur charge.

251. En cas de décès de l'assuré, ses héritiers restent obligés au paiement de la prime, et peuvent être poursuivis comme responsables.

Si un immeuble assuré est échu en partage à l'un des héritiers, celui-ci est seul tenu au paiement de la prime.

252. Le déplacement des objets garantis, lors même qu'il n'a pas été constaté par un avenant, ne dégage pas l'assuré du paiement de la prime ; car il est de principe que nul ne peut se délier de ses obligations par un acte dépendant de sa volonté.

253. En cas de faillite de l'assuré, il a été jugé que, si les objets garantis n'ont pas disparu, l'assurance profitant à la masse des créanciers, ceux-ci sont tenus d'acquitter la prime intégralement, et non en monnaie de dividende.

L'assuré qui a obtenu un concordat est tenu, si la Compagnie l'exige, de continuer l'assurance.

254. Il importe que les poursuites pour le recouvrement des primes échues soient entamées peu après l'expiration du délai fixé par l'art. 246.

Si, cependant, des circonstances particulières s'y opposent, afin de pouvoir constater, en cas de sinistres, que l'assuré a été averti en temps utile, il faut le mettre en demeure par une lettre *recommandée* à la poste. Le bulletin de chargement sera joint à la quittance de prime.

255. Lorsqu'une prime, échue depuis plus de quinze jours, n'a pas été payée, l'effet de l'assurance est suspendu (*art. 5 de la police*), et l'assuré est déchu de ses droits en cas de sinistre. Quoique les tribunaux n'aient pas toujours reconnu la validité de cette clause, la Compagnie doit l'opposer aux retardataires, et leur refuser toute indemnité.

Il est donc d'une haute importance que les agens apportent la plus grande exactitude dans les recouvremens, afin de ne pas laisser les assurés dans cette fâcheuse position, et, aussi, pour éviter à la Compagnie le mauvais effet d'un refus ou d'une contestation.

256. Lorsqu'un assuré retardataire vient, après le délai de *quinze jours*, fixé par l'art. de la police, offrir le paiement de sa prime, l'agent inscrira sur sa quittance la mention suivante, qu'il datera et signera : « *Le présent reçu, valable seulement à partir de ce jour, à .... heure, en garantie des sinistres.* »

257. Lorsqu'il est à la connaissance de l'agent que les objets assurés ont changé de main, il ne doit recevoir la prime offerte par le nouveau propriétaire qu'après lui avoir, s'il y a lieu, transféré l'assurance par un avenant.

258. Il est interdit à un agent de recevoir aucune prime pour des assurances appartenant à une autre agence, à moins qu'il n'en ait été chargé par le titulaire.

259. Les agens ne peuvent : 1º recevoir des primes par à-compte; 2º stipuler des délais pour le paiement des primes ; 3º accepter en paiement les propres billets à terme des assurés.

260. Les agens sont personnellement garans de toutes les primes pour lesquelles ils ne justifieront pas de l'exécution des mesures prescrites contre les retardataires.

CHAPITRE XV.

Des Sinistres.

261. Lorsqu'au siège de l'agence, ou à proximité, il se manifestera un incendie dans une propriété assurée par la Compagnie, ou avoisinant des propriétés placées sous sa garantie, l'agent général se transportera aussitôt sur les lieux, afin de provoquer les secours, d'exciter le zèle des pompiers et des habitans, de pourvoir au sauvetage et de veiller à sa conservation, de faire enfin tout ce qui pourra être utile aux intérêts de la Compagnie.

262. A l'égard des assurés qui n'auraient pas payé leur prime, ou qui se trouveraient évidemment dans un autre cas de nullité, il devra s'abstenir, *en sa qualité d'agent*, de toute démarche dont on pourrait induire que la Compagnie renonce à ses droits.

263. Si, pour empêcher que le feu se communique à des bâtimens assurés par la Compagnie, il y a lieu d'abattre un bâtiment voisin, l'agent sollicitera l'autorité pour qu'elle ordonne cette mesure; mais il n'en prendra pas lui-même l'initiative et *ne devra signer aucun acte d'adhésion*.

264. Si, au contraire, la démolition d'une maison assurée par la Compagnie était, sans une évidente nécessité, ordonnée pour préserver d'autres maisons, l'agent par ses représentations, chercherait à faire différer l'exécution de cet ordre, et, au besoin, il ferait par acte extrajudiciaire, pendant ou après l'incendie, toutes protestations et réserves nécessaires.

265. L'incendie étant terminé, l'agent s'occupera des objets sauvés. Pour les bâtimens, il s'entendra avec l'assuré, afin de prévenir les nouvelles dégradations que les suites de l'incendie ou le mauvais temps pourraient occasionner.

Quant aux objets mobiliers, marchandises ou récoltes, il séparera les objets sains ou intacts de ceux dont l'avarie pourrait se communiquer, et il prendra les mesures nécessaires pour que ces derniers ne puissent se détériorer davantage.

Enfin, de concert avec l'assuré, l'agent pourra, en cas de besoin, et si le sinistre est important, établir et salarier des gardiens, ou louer un local pour y déposer les objets sauvés, jusqu'au moment de l'expertise.

266. Lorsque le sinistre aura atteint les marchandises d'un commerçant tenant des livres, l'agent pourra en réclamer de suite la représentation, et il les paraphera ou les fera parapher par le maire ou le juge de paix.

267. Dans les cantons éloignés du chef-lieu de l'agence, les agens spéciaux remplacent les agens généraux dans les soins prescrits ci-dessus; mais l'agent général doit leur interdire de signer aucun acte, ni de prendre aucun espèce d'engagement.

Cette intervention des agens spéciaux n'est d'ailleurs que provisoire; l'agent général doit lui-même se rendre sur les lieux, dès que l'avis du sinistre lui sera parvenu.

268. Aussitôt après l'incendie, l'agent général adresse à la Compagnie *la lettre d'avis modèle n° 24*, et, quand bien même il ne pourrait encore répondre avec précision à toutes les questions posées dans cette lettre, il n'en devrait point pour ce motif différer l'envoi.

269. Les avis doivent être succincts; l'évaluation approximative du dommage, qui est demandée ne s'entend, ni de la déclaration presque toujours exagérée de l'assuré, ni du montant des articles de la police, mais bien, autant que possible, de la somme à laquelle s'élèvera l'indemnité due par la Compagnie. Si la police n'a pas encore été envoyée à la Compagnie, il faut la joindre à la lettre d'avis.

Lorsque l'assurance se trouve partagée entre plusieurs Compagnies, on doit en faire mention.

270. S'il est à la connaissance de l'agent qu'un des inspecteurs de la Compagnie se trouve dans le voisinage, et si la perte paraît devoir dépasser la somme de 300 francs, il prévient cet inspecteur en même temps que la Compagnie.

271. Aussitôt après le sinistre, l'agent fera signer à l'assuré une déclaration conforme au *modèle n° 25*, et il aura soin d'y consigner toutes les réponses avec une scrupuleuse exactitude. Il cherchera surtout, par tous les moyens en son pouvoir, à connaître les causes de l'incendie, et il veillera à ce que cette déclaration, faite sous la première impression, ne laisse pas à l'assuré le temps de déguiser la vérité.

L'agent général rend compte ensuite à la Compagnie de toutes les circonstances du sinistre jusqu'au règlement définitif, non par la Correspondance ordinaire, mais par l'envoi de rapports distincts, sur l'imprimé *modèle n° 31*.

272. Lorsque l'incendie a atteint plusieurs propriétés assurées à diverses personnes, chaque police donne lieu à un *avis* et à des rapports séparés, à moins que toutes les circonstances, reproduites dans les rapports, ne soient identiques.

273. Les agens peuvent régler à l'amiable, et sans en référer à la Compagnie, les pertes qui ne s'élèvent pas à plus de 50 francs.

De 50 à 300 francs, ils procèdent de suite à une expertise contradictoire.

Lorsqu'un sinistre, qui aura frappé un ou plusieurs assurés, paraîtra devoir s'élever à plus de 300 fr., les agens devront, sous peine d'engager leur responsabilité, attendre les instructions de la Compagnie, qui, selon les circonstances, les autorisera à faire estimer les dommages, ou enverra sur les lieux un de ses inspecteurs.

274. Les agens ne doivent recourir au mode de transaction qu'autant que les dommages ne dépassent pas *trois cents francs*. Au-dessus de cette somme, les sinistres doivent toujours être réglés par expertise régulière.

Lors même qu'un sinistre est réglé par transaction, la transaction doit toujours être accompagnée d'un état détaillé des pertes, reconnu par l'agent ou dressé par un expert.

Les transactions sont faites sur des imprimés spéciaux destinés à cet effet. (*Voir modèle n° 26*).

Tous les réglemens faits par transaction ou autrement, sont d'ailleurs subordonnés à l'approbation de la Compagnie.

275. Avant de régler les sinistres à l'amiable, ou de procéder à une expertise, il faut examiner si l'assuré n'a pas contrevenu aux conditions générales de la police.

Les cas de déchéance sont :

1° La mutation de propriété, par suite de vente, donation ou décès; la suspension de paiement, faillite ou liquidation de la Société (*art. 7 de la police*);

2° Des changemens ou constructions, qui multiplient ou augmentent les risques (*art. 8 de la police*);

3° L'établissement, dans le lieu de l'assurance, d'une usine, d'une profession ou manipulation, augmentant les dangers du feu (*art. 8 de la police*);

4° L'introduction des denrées, de marchandises ou d'objets quelconques, qui aggravent les chances d'incendie (*idem*);

5° Le transport des objets assurés, dans d'autre lieux que ceux désignés dans la police; le transfert des risques locatifs ou des recours des voisins d'un lieu dans un autre (*idem*);

6° La construction, dans une propriété contiguë à celle assurée, de bâtiments couverts en bois ou en chaume, l'érection d'un théâtre, l'établissement d'une fabrique ou usine, augmentant notablement les risques (*idem*);

7° Les assurances faites par d'autres assureurs ou sociétés mutuelles, avant ou depuis la police du GLOBE (*idem*).

Le tout sans que les déclarations et mentions prescrites aient été faites;

8° De fausses déclarations de l'assuré, en ce qui concerne son droit de propriété, ou la qualité en laquelle il a contracté (*art. 6 de la police*);

9° Toute réticence ou fausse déclaration relative au genre de constructions et de couvertures des bâtimens assurés, ou renfermant des objets assurés; à leur situation respective, aux marchandises hasardeuses qu'ils contiennent, ou aux professions dangereuses qui y sont exercées, ainsi qu'aux risques extraordinaires de voisinage (*art. 10 de la police*);

10° Enfin, le non-paiement de la prime, avant que l'incendie ait éclaté (*art. 5 de la police*);

11° La prescription de six mois pour réclamer l'indemnité (*art. 20 de la police*).

276. L'agent examinera ensuite :

1° Si des locataires, non assurés ou relevés de tous recours par la Compagnie pour leurs risques locatifs, ne se trouvent pas dans le cas de responsabilité résultant des articles 1733 et 1734 du Code Napoléon;

2° Si, aux termes des articles 1382, 1383 et 1384 dudit Code, il n'y a point lieu d'exercer un recours :

Soit contre les propriétaires ou locataires des maisons voisines par lesquelles le feu se serait communiqué;

Soit contre des co-locataires ou autres personnes;

Soit enfin contre l'assuré lui-même, si, n'étant pas garanti par la Compagnie contre le recours des voisins, le feu a commencé chez lui et a causé la perte d'objets appartenant à d'autres personnes également assurées par la Compagnie.

277. Si les personnes envers lesquelles il aurait évidemment un recours à exercer, étaient elles-mêmes assurées par une autre Compagnie, l'agent en informera de suite la Direction, afin qu'elle fasse pratiquer à Paris une opposition, si elle le juge convenable.

Dans le cas où lesdites personnes n'étant pas assurées seraient réputées insolvables, l'agent devra transmettre à la Compagnie les renseignemens démontrant cette insolvabilité.

278. Lorsqu'un incendie est arrivé dans une maison non assurée par la Compagnie au propriétaire, mais dans laquelle elle a garanti des risques locatifs, il faut vérifier soigneusement si le feu n'a pas été communiqué par une maison voisine, s'il ne provient pas d'un vice de construction ou d'une cause fortuite, la Compagnie, dans ces divers cas, n'étant tenue à aucune indemnité.

279. Lorsque la Compagnie a garanti le recours des voisins, il ne suffit pas, pour qu'elle soit responsable du dommage occasionné aux propriétés voisines, que le feu ait été communiqué à ces propriétés; il faut encore que l'incendie ait été causé par une faute ou imprudence grave de son assuré et que les voisins soient en état d'en administrer la preuve; car d'après le droit commun, c'est à celui qui a éprouvé un préjudice à prouver la faute de la personne à laquelle il en demande la réparation.

280. D'après l'art. 11 de la police, l'assuré doit immédiatement faire sa déclaration devant le juge de paix du canton. Lorsqu'il ne se sera pas conformé à cette disposition dans le délai de quinzaine fixé par ledit article, l'agent en informera la Compagnie.

Cependant, pour tout sinistre ne paraissant pas devoir dépasser 300 fr., l'agent pourra dispenser l'assuré de cette formalité et se contenter d'une déclaration faite devant le Maire.

281. L'assuré est tenu de fournir un *État détaillé* de ses pertes dans les *quinze jours* de l'incendie, en indiquant la nature et la valeur approximative des pertes réelles qu'il aurait éprouvées.

Lorsque l'incendie sera attribué à une malveillance étrangère, l'agent fera connaître à la Compagnie si le coupable présumé présente quelque solvabilité.

282. Quand il s'élèvera sur les causes de l'incendie des présomptions tendant à faire croire que l'assuré en est l'auteur, et si les informations recueillies à cet égard équivalent à une presque certitude, l'agent s'adressera à l'autorité judiciaire, et sans se porter partie plaignante ni partie civile, il lui communiquera les faits ou indices parvenus à sa connaissance et l'engagera à poursuivre d'office. L'agent dans ce cas tiendra la Compagnie au courant de l'instruction, afin qu'elle prenne le parti que les circonstances lui suggéreront.

283. Les agens ne peuvent, à moins d'en avoir reçu l'autorisation de la Compagnie, s'immiscer dans les sinistres d'une autre agence, si ce n'est pour prendre des mesures conservatoires.

284. Lorsque les pompiers ou d'autres personnes ont concouru efficacement à arrêter les progrès d'un incendie qui a atteint ou menacé des propriétés assurées par elle, la Compagnie, sur l'avis de l'agent, juge s'il y a lieu de leur accorder des gratifications.

285. La Compagnie ne rembourse pas aux communes les frais que peuvent leur occasionner les sinistres pour déblaiement de terrain, distribution de comestibles, réparations de pompes, pertes ou réparations d'ustensiles, etc.

Les secours étant d'ordre public, ces frais sont faits dans l'intérêt de tous les habitans, et ne peuvent être mis à la charge des Compagnies d'assurances.

286. Lorsque des voisins ont souffert, dans leurs propriétés, par des secours portés à une maison qu'elle a assurée, la Compagnie ne leur doit aucune indemnité, à moins qu'elle ne les ait assurés eux-mêmes ou qu'ayant garanti le recours des voisins, elle ne soit passible de ce recours aux termes de l'article 279 ci-dessus.

287. La Compagnie ne répond des dégâts causés par la foudre qu'autant qu'il y a eu incendie. Il ne suffit donc pas que la foudre ait frappé une propriété, il faut encore qu'elle y ait mis le feu avant de la renverser ou détruire, pour que la Compagnie doive une indemnité; autrement la

Compagnie ne devrait que la valeur des objets endommagés par la foudre, c'est-à-dire la valeur vénale des matériaux (*art. 2 de la police*).

288. Toutes les fois qu'il y aura dans la circonscription de l'agence un sinistre considérable sur un risque non assuré ou garanti par d'autres assureurs, l'agent est invité à en donner avis à la Compagnie.

CHAPITRE XVI.

De l'Expertise.

289. Les principes établis au commencement des présentes instructions doivent être rigoureusement appliqués à tout règlement de sinistre, non-seulement en raison de leur équité, mais aussi à cause du dangereux effet que produit le paiement d'une indemnité supérieure au dommage réel. Donner à certains assurés l'exemple d'un bénéfice résultant d'un incendie, c'est les exciter à la négligence et peut-être au crime. Les agens ne sauraient donc prendre trop de précautions pour réduire toujours à la plus stricte expression des pertes les sommes réclamées par les assurés.

290. Le choix des experts exige toute l'attention des agens. Aux connaissances spéciales à l'objet de l'expertise, il faut que l'expert de la Compagnie joigne une probité reconnue et la fermeté nécessaire pour repousser toute espèce d'influence. Il convient souvent de le prendre hors du lieu où s'est déclaré le sinistre.

291. Pour estimer les dommages éprouvés sur des bâtimens, l'expert de la Compagnie doit être choisi parmi les personnes familières avec les travaux de construction, tels que les architectes, entrepreneurs, maçons, charpentiers, etc.

292. Pour les marchandises, on désigne des commerçans connaissant le genre d'affaires ou d'industrie de l'assuré. Les commissaires-priseurs, marchands de meubles, tapissiers, fripiers, conviennent pour le mobilier de ménage.

Pour les produits de récoltes, les bestiaux, le mobilier aratoire, on s'adresse à des propriétaires ruraux ou à des cultivateurs.

293. Quand il s'agit de fabriques et usines, l'estimation des dommages exigeant des connaissances spéciales, la Compagnie envoie ordinairement sur les lieux un expert investi de sa confiance.

294. La nomination des experts se fait par un compromis conforme au *modèle n° 27*.

Si l'assuré se refuse à cette nomination, ou si, pour y consentir, il veut faire insérer dans le compromis des clauses inusitées, l'agent se pourvoit par-devant le Juge compétent, pour faire nommer d'office l'expert de l'assuré, et la police remise aux experts leur sert de compromis.

295. S'il y a lieu d'appeler un tiers expert, l'agent, de même que l'assuré, peut exiger que ce tiers expert soit choisi hors du lieu où demeure l'assuré (*art. 13 de la police*).

296. Lorsque l'assuré n'aura pas payé la prime de l'année courante, ou lorsqu'il paraîtra se trouver dans un des autres cas de nullité spécifiés en l'article 275 ci-dessus, l'expertise sera péremptoirement refusée ou du moins suspendue jusqu'à décision de la Compagnie.

297. L'agent aura soin de bien pénétrer les experts, notamment celui de la Compagnie, des effets que doit produire le contrat d'assurance. Il leur fera particulièrement connaître que, d'après l'article 3 des conditions de la police, les sommes assurées ne doivent nullement servir de base à leurs opérations, et il suivra avec assiduité tous leurs travaux, afin de ne pas les laisser dévier des règles établies.

298. Il veillera soigneusement à ce qu'on n'admette pas dans les expertises des objets non compris dans l'assurance, ou dont l'assurance est prohibée par l'article 2 de la police.

Il aura soin aussi que l'on comprenne dans le sauvetage tout ce qui reste des objets assurés.

299. L'agent requerra, au besoin, les experts de faire à l'assuré ou à toutes personnes telles interpellations qu'il jugera utiles et convenables, et de les insérer, ainsi que les réponses, dans le procès-verbal.

Il exigera aussi, selon les circonstances, l'insertion de tout dire, protestations, réserves, etc.

300. Il veillera à ce que le sauvetage ne soit point déprécié dans le but de favoriser l'assuré, qui est tenu de le reprendre pour le prix d'estimation ; il fera observer aux experts que le sauvetage a ordinairement plus de valeur pour l'assuré, qui peut en faire usage, que pour un acquéreur étranger, et que d'ailleurs, s'il était estimé trop bas, la Compagnie aurait le droit de le reprendre pour le montant de l'estimation (*art.* 16 *de la police*).

301. Chacun des articles d'une même police devant être considéré comme formant une assurance distincte, les experts auront à faire autant d'estimations qu'il y aura de sommes assurées.

302. Les experts n'ont point à s'immiscer dans le règlement de l'indemnité revenant à l'assuré : ils doivent se borner à résoudre les questions qui leur sont posées, et c'est ensuite entre la Compagnie et l'assuré que se fait le règlement définitif, conformément aux conditions de la police et sauf, en cas de contestations, le recours aux tribunaux.

303. Lorsque l'incendie aura détruit plusieurs propriétés appartenant à différentes personnes, il sera fait autant de procès-verbaux d'expertise qu'il y aura d'assurés, et non pas un procès-verbal collectif.

304. Les procès-verbaux d'expertise seront faits en double suivant le *modèle* n° 30 et sur les imprimés destinés à cet usage. Les signatures seront, autant que possible, légalisées par le Maire du lieu de l'incendie. Un des doubles sera délivré à l'assuré, l'autre envoyé à la Compagnie.

305. Les experts, aux termes du compromis, sont dispensés de toute formalité judiciaire. Ainsi ils ne seront point tenus de prêter serment, de rédiger leur procès-verbal sur les lieux contentieux et de le déposer au greffe, ni de le faire enregistrer.

Leurs honoraires se paient suivant les usages locaux et se partagent *par moitié* entre l'assuré et la Compagnie.

306. S'il y a lieu d'appeler un tiers expert, il n'est pas tenu d'adopter l'avis de l'un de ses collègues, mais il concourt avec eux à la délibération qui se prend à la majorité des voix.

307. Si, dans le cours de l'expertise ou avant de la commencer, l'agent trouve qu'il est plus avantageux de transiger, il peut, sauf l'approbation de la Compagnie, faire des propositions à l'assuré, et en rendre compte à la Direction, en développant les motifs qui l'ont fait pencher vers ce mode de règlement.

308. S'il y a un recours à exercer, les voisins, locataires ou autres personnes responsables, seront invités à intervenir dans l'expertise, même sous toutes réserves ; en cas de refus de leur part, on leur fera donner une sommation, et on passera outre s'ils ne se présentent pas.

Pour les sinistres de quelque importance, cette formalité ne suffit pas : il faut assigner en référé les garans en nomination d'experts par-devant le tribunal de première instance. La Compagnie, le cas échéant, donnera à ce sujet des instructions particulières.

309. Si l'assuré est arrêté comme prévenu d'être l'auteur de l'incendie, la Compagnie peut néanmoins avoir intérêt à procéder à l'expertise, afin d'éviter, en cas d'acquittement. d'être responsable des dégâts qui surviendraient pendant la détention. La Compagnie donne alors à l'agent des instructions spéciales.

CHAPITRE XVII.

De l'Estimation des Dommages sur immeubles.

Article **310.** Quand les bâtimens auront été détruits par un incendie, les experts seront invités à recueillir des renseignemens sur l'époque de leur construction, leur bon ou mauvais état, leur dimension, le nombre des étages, des portes et des fenêtres, la nature des matériaux et couvertures, le décor, la distribution intérieure, etc.

Ils s'informeront du montant des loyers et des contributions, et ils se feront représenter les baux, contrats d'acquisition, actes de partage, etc.

311. Si le sinistre a atteint des bâtimens inoccupés et hors d'usage, ils auront égard à cette circonstance dans la détermination de la valeur vénale.

Si ces bâtimens devaient être démolis, ils ne seront estimés que comme matériaux.

312. Si les bâtimens sont d'une construction massive, et peuvent être remplacés par des bâtimens d'une construction moderne ; si à des charpentes d'une force inusitée on peut substituer des bois d'une dimension ordinaire, les experts ne tiendront compte que des dépenses que nécessiteront les travaux de remplacement.

313. Les caves et fondations, étant comprises dans l'assurance, doivent toujours être évaluées dans le sauvetage.

Les experts auront à établir, par un devis estimatif en 3 colonnes : (*Voir modèle n° 28.*)

1° La valeur de construction à neuf du bâtiment ; 2° La valeur des parties sauvées intactes ; 3° La valeur des parties sauvées avec avaries et des débris.

Ils indiqueront en outre :

1° La déduction à faire pour différence du neuf au vieux ; 2° La valeur vénale du bâtiment avant l'incendie, si cette valeur diffère notablement de celle de construction.

314. Lorsque les dommages ne paraissent pas s'élever au-delà de 300 francs, ni excéder un dixième de la valeur du bâtiment, les experts n'ont pas besoin d'en déterminer la valeur totale avant l'incendie, et ils se bornent à estimer le coût des réparations, en faisant la différence du neuf au vieux.

315. Lorsque la Compagnie, ayant garanti l'immeuble, a renoncé conjointement ou séparément au recours locatif, il n'y a pas lieu à faire une expertise particulière en ce qui concerne le locataire.

316. Lorsque le locataire seul est assuré et se trouve dans le cas de responsabilité prévu par la loi, on procède comme s'il s'agissait de l'assurance du propriétaire, et en faisant intervenir celui-ci dans l'expertise.

Lorsqu'il y a doute sur la responsabilité du locataire, l'expertise est suspendue. Si le propriétaire actionne son locataire, la Compagnie intervient et prend fait et cause pour l'assuré, en soutenant qu'il n'est pas responsable.

317. Si l'incendie a atteint des bois taillis ou futaies, les experts ont à déterminer :

1° La valeur des bois assurés, eu égard à l'âge et à l'état d'aménagement, et bien entendu déduction faite du sol ; 2° La valeur du bois qui est resté sur pied ; 3° La valeur du bois à abattre et des souches qui doivent servir au recepage , l'incendie n'étant pas une cause de défrichement.

CHAPITRE XVIII.

De l'Estimation des Mobiliers, Marchandises et Récoltes.

ARTICLE **318.** Les pertes sur objets mobiliers n'étant pas de notoriété publique, comme celles sur immeubles, l'assuré doit fournir à la Compagnie un état certifié par lui des objets incendiés, avariés et sauvés.

Il doit ensuite justifier de ses pertes par tous les documens et moyens en son pouvoir, et ses justifications sont mises sous les yeux des experts avec les observations nécessaires (*art. 11 de la police*).

319. Lorsque la perte n'excédera pas les proportions indiquées à l'article 314 ci-dessus, on ne fera d'autre estimation que celle des objets détruits ou avariés et de leurs débris.

320. S'il résulte des circonstances de l'incendie que des objets assurés ont été volés ou perdus, on ne les comprendra pas dans les estimations, l'assurance ne s'étendant pas à la perte ni au vol (*art. 2 de la police*).

321. Pour déterminer la consistance et la valeur d'un mobilier détruit, on prendra en considération la fortune et l'état de maison de l'assuré, l'époque de son établissement, le nombre des personnes dont se compose sa famille, etc.

On peut, au besoin, chercher à reconnaître, par l'examen des localités, si les meubles portés dans la déclaration de l'assuré ont pu y être placés.

Le sauvetage procurera le moyen d'apprécier, par comparaison, la nature et la valeur du mobilier existant.

Enfin le témoignage des gens de la maison, des personnes qui la fréquentaient et des ouvriers qui la fournissaient, servira aussi à éclairer les experts sur la nature et le montant des pertes.

322. Le procès-verbal d'expertise, rédigé en forme d'inventaire, contiendra, sur trois colonnes, les indications ci-après : *(Voir modèle n° 30.)*

1° La valeur des objets existans au moment de l'incendie, eu égard à leur ancienneté ou à l'usage qui a pu en être fait; 2° les objets sauvés intacts et leur valeur; 3° la valeur des objets sauvés avec avaries ou hors de service et des débris.

323. Les règles tracées ci-dessus, pour les sinistres de mobilier de ménage, peuvent être également suivies pour le mobilier industriel appartenant à des marchands, artisans ou petits fabricans, ainsi que pour le mobilier aratoire.

324. Lorsqu'il s'agit de marchandises, les livres de l'assuré, ses factures et lettres de voitures, sa correspondance, le témoignage de ses commis et ouvriers, celui des personnes fréquentant la maison ou le magasin, sont les sources où l'on puisera les renseignemens nécessaires pour établir l'existence, la qualité et la valeur des objets assurés avant l'incendie.

Toutes les fois que l'assuré pourra représenter un inventaire, on le prendra pour point de départ, après s'être assuré sommairement de sa régularité.

325. Lorsque l'assurance portera sur marchandises placées sous la surveillance de la douane ou de la régie des contributions indirectes, on profitera de ces deux circonstances pour se procurer, auprès de ces administrations, tous les renseignemens nécessaires.

326. Lorsque les livres et papiers de l'assuré auront péri dans l'incendie, ou lorsqu'il s'agira d'estimer les marchandises d'un commerçant en détail ne tenant pas d'écritures, on suppléera aux renseignemens écrits :

1° Par un contrôle scrupuleux des déclarations de l'assuré ; 2° par des justifications plus nombreuses qu'on exigera de lui ; 3° par les inductions que l'on pourra tirer de l'examen des localités et du courant d'affaires de l'assuré ; 4° par des informations auprès de ses correspondans, débiteurs, etc.

327. La valeur des marchandises sera établie d'après le cours du jour, qu'il ne faut pas confondre avec le prix d'achat ou de revient, ni avec le prix auquel l'assuré aurait pu vendre dans son commerce. Le cours du jour doit s'entendre du prix auquel on pourrait remplacer les marchandises perdues.

328. Le rapport des experts, pour tous sinistres de marchandises, devra constater, sur trois colonnes, comme pour le mobilier : *(Voir modèle n° 29.)*

1° Les objets existans au moment de l'incendie, par *quantités, poids, métrage* ou *mesure, qualités* et *valeur*; 2° les objets qui ont été sauvés intacts, avec les mêmes détails ; 3° la valeur des objets sauvés avec avaries et des débris.

329. Pour apprécier les pertes sur récoltes, on examinera :

1° L'étendue et la nature des terres qu'exploite l'assuré ; 2° les produits de la dernière récolte, eu égard aux accidens tels que la grêle, la gelée, etc., qui auraient altéré les qualités ou diminué les quantités ; 3° L'époque de l'année d'après laquelle les approvisionnemens doivent être plus ou moins considérables ; 4° le montant des ventes faites depuis la récolte, comme aussi la consommation journalière.

330. Si l'assuré tient des livres ou notes quelconques, on en exigera la représentation ; on interpellera aussi les garçons de ferme, batteurs en grange, charretiers, journaliers, etc., enfin on consultera les maires et adjoints, ainsi que les notables de la commune.

331. L'existence des bestiaux, troupeaux et animaux de labour sera aussi établie par le témoignage des ouvriers et journaliers, et par celui des cultivateurs voisins.

332. Les grains, fourrages et autres produits seront estimés d'après la dernière mercuriale du marché le plus voisin, déduction faite des frais de battage, de transport, factage, etc.

333. Pour le mobilier industriel des fabriques ou usines, on interrogera les contre-maîtres et les ouvriers, ainsi que les personnes qui auront fourni ou réparé les métiers, machines et ustensiles.

On cherchera aussi à s'assurer de l'existence des objets réclamés, par l'inspection des emplacemens qu'ils auront dû occuper, et par l'examen des débris, ferremens, etc.

Les experts s'informeront de l'âge des machines et métiers, et des noms des constructeurs qui les auront établis ou réparés.

Ils examineront attentivement les métiers sauvés et les restes de ceux qui auront été détruits ou endommagés.

Enfin, ils devront tenir compte de la moins-value que les progrès de l'industrie auront fait éprouver à des objets anciens ou mal établis, ainsi que de la dépréciation provenant de l'état de gêne ou de stagnation de la branche de commerce à laquelle appartiendra l'établissement incendié.

334. Si l'assurance porte sur marchandises en fabrication, les experts se feront rendre compte de la situation des travaux au moment de l'incendie. Ils auront ensuite recours au témoignage des ouvriers et à la vérification des livres destinés à constater le mouvement des ateliers de la fabrique.

Ils estimeront les matières premières et marchandises confectionnées au cours du jour, et celles en cours de fabrication à leur prix de revient, en y ajoutant les frais faits jusqu'au jour de l'incendie.

CHAPITRE XIX.

Du réglement définitif des sinistres, des frais et du paiement de l'indemnité.

335. Aussitôt l'expertise terminée, l'agent envoie à la Compagnie le procès-verbal et toutes les pièces accessoires, avec un rapport dans lequel il fait connaître son opinion sur le travail des experts, et notamment :

1° La déclaration devant l'agent, prescrite par l'art. 271 ci-dessus ;
2° La déclaration devant le juge de paix ou celle devant le maire, prescrite par l'art. 280 ;
3° L'État détaillé des objets incendiés, avariés et sauvés, prescrit par l'art. 11 de la police ;
4° Le compromis ou nomination d'experts (art. 293) ;
5° Le procès-verbal d'expertise indiqué à l'art. 304 ou la transaction prévue par l'art. 274, l'un et l'autre accompagnés des pièces prescrites ;
6° Les originaux de tous les exploits qui ont pu être signifiés à l'occasion du sinistre.

336. L'agent doit joindre à cet envoi un mémoire détaillé de tous les frais et dépenses occasionnés par le sinistre, avec les quittances et pièces justificatives à l'appui.

Ces frais comprennent :

1° Les sommes payées aux experts pour leurs honoraires et les dépenses nécessaires faites dans l'intérêt du sauvetage ;
2° La dépense personnelle à l'agent pour frais de voiture ou de transport au lieu du sinistre et retour, plus les frais et dépenses de bouche.

Les frais personnels de l'agent doivent se borner aux déboursés réels faits par lui, sans rien y comprendre pour vacations.

La note des dépenses ci-dessus doit être établie sur les imprimés *modèle n° 32*.

Chaque article de dépense excédant 5 francs doit être appuyé d'une quittance justificative délivrée par la partie prenante.

337. Toutes les prescriptions contenues dans l'article qui précède sont obligatoires, et MM les agens sont priés de s'y conformer sans exception.

Toute contravention aura pour effet :

1° Le rejet de la dépense non justifiée ;

2° L'ajournement du règlement définitif du sinistre et, par conséquent, du paiement de l'indemnité, l'agent pouvant être considéré comme responsable des conséquences de ce retard.

338. Toutes les dépenses relatives à un sinistre sont payées par la caisse de l'agent, lors même que les opérations du sinistre auraient été dirigées par un inspecteur, avec ou sans la présence de l'agent.

A cet effet, lorsque l'agent opérera, concurremment avec l'inspecteur, et soldera, sur l'ordre de celui-ci, les frais qui seront faits ; et lorsque l'inspecteur aura seul procédé au règlement, l'agent lui remboursera les dépenses sur le vu et en échange des quittances justificatives qui seront annexées au compte de l'agent.

339. Aussitôt leur réception, la Compagnie fait vérifier les pièces et procéder au règlement définitif, d'après l'expertise et les conditions tant générales que particulières de la police.

340. S'il résulte de l'expertise que les objets assurés avaient, avant l'incendie, une valeur supérieure à la somme garantie par la police, il y a lieu de faire application de la règle proportionnelle, et la Compagnie détermine la part du dommage que l'assuré doit supporter, comme étant resté son propre assureur (*art. 15 de la police*), suivant l'exemple ci-après :

Ainsi, un bâtiment a été assuré pour.................................... 10,000 fr.

Le procès-verbal des experts a constaté :

1° Que sa valeur avant l'incendie était de............................... 12,000

2° Que le sauvetage est de 3,000 francs, et la perte de.................... 9,000

l'assuré étant resté son propre assureur de 2,000 fr., soit un *sixième* de la valeur du bâtiment, doit supporter un *sixième* de la perte, soit 1,500 fr., et la Compagnie n'est tenue à payer que le surplus, c'est-à-dire 7,500 fr.

341. Si la Compagnie reconnaît que les experts ont compris dans leur estimation des objets qui ne faisaient pas partie de l'assurance ; qu'ils n'ont pas apprécié suffisamment la différence du neuf au vieux, ou qu'ils ont commis toute autre irrégularité, elle fait, sur le chiffre de l'expertise, les réductions qu'elle croit justifiées, et transmet ses instructions aux agens pour qu'ils se mettent d'accord avec les assurés.

342. Les assurés ne peuvent jamais faire le délaissement ou abandon, soit de l'objet assuré, soit du sauvetage ; mais si la Compagnie juge que les experts ont apprécié au-dessous de la valeur réelle les objets échappés à l'incendie, elle a le droit de les reprendre pour le montant de leur estimation. (*Art 16 de la police.*)

Également, si elle croit que les experts ont exagéré les dommages, elle peut faire réparer, reconstruire ou remplacer les bâtimens ou les objets assurés.

Toutes les fois que les agens jugeront que la Compagnie a intérêt à exercer l'un ou l'autre de ces droits, ils lui en exposeront les motifs dans leur rapport.

343. Lorsque l'indemnité aura été réglée définitivement, et avant de payer ou de délivrer le mandat de paiement, il faut s'enquérir si les droits de l'assuré sur les objets incendiés sont entiers, c'est-à-dire, s'il ne les possède pas par indivis, s'il n'en a pas seulement la nue-propriété ou l'usufruit ; s'ils n'appartiennent pas, en tout ou partie, à sa femme, à ses enfans ou à des tiers pour lesquels il aurait agi. L'agent devra prendre avec soin des renseignemens à cet égard et les transmettre à la Compagnie.

L'agent devra encore examiner s'il n'existe point, du chef de l'assuré ou de ses représentans, une incapacité légale de recevoir, savoir :

1° Une saisie-arrêt ou opposition.

2° Une minorité ou interdiction non pourvue de tutelle ;
3° Une faillite ou déconfiture ;
4° Une succession vacante ;
5° Une absence non suivie de déclaration ou d'envoi en possession ;
6° Une indivision ;
7° Une mise sous l'assistance d'un conseil judiciaire encore en suspens ;
8° Un simple état d'imbécillité, de démence ou de fureur ;
9° Une condamnation par contumace ;
10° Un état de mort civile ;
11° Une simple privation des droits civils, soit comme peine principale, soit comme accessoire d'une peine plus grave ;
12° Un bannissement ou une déportation ;
13° Une poursuite pour crime d'incendie de l'objet assuré, ou toute autre circonstance qui aurait pour effet d'invalider le paiement.

344. Les agens peuvent solder de suite les sinistres n'excédant pas 50 francs.

Quant aux sinistres dépassant cette somme, ils ne peuvent les payer ni en totalité ni par à-compte, sans l'autorisation spéciale et expresse de la Compagnie.

345. Lorsque le sinistre est ordonnancé par le conseil, le paiement est fait au comptant à la caisse de la Compagnie, à Paris.

La Compagnie y pourvoit, soit, lorsque la somme est *minime*, en autorisant l'agent général à la payer sur sa caisse, soit en remettant à l'assuré par l'intermédiaire de l'agent, un mandat ou bon sur la caisse de la Compagnie.

346. Le paiement a lieu contre une quittance faite en double et légalisée par le maire du lieu où réside l'assuré. Un des doubles reste aux archives de l'agence l'autre est envoyé à la Compagnie. (*Voir modèle n° 33.*)

Les quittances doivent toujours être faites sur les imprimés destinés à cet usage et dont la Compagnie munit ses agens. On peut les faire timbrer au préalable, si cette formalité est exigée pour la légalisation.

347. Dans les cas prévus par l'article 343 ci-dessus, la quittance doit être signée non seulement par l'assuré, mais encore par les co-intéressés ou leurs représentans.

348. Le paiement de l'indemnité provenant du risque locatif est fait au propriétaire ; l'assuré intervient dans la quittance pour déclarer qu'au moyen du paiement fait par la Compagnie, il la tient quitte et libérée, et qu'il la subroge dans tous ses droits et actions.

349. Lorsque le souscripteur de la police a agi pour un tiers désigné ou pour compte de qui il appartiendra, le paiement ne peut être fait qu'entre les mains du véritable propriétaire des objets détruits, et le contractant intervient dans la quittance, comme il est dit à l'article précédent.

350. Lorsqu'un assuré ne saura pas écrire, il devra donner quittance par-devant notaire, ou bien, par une procuration notariée, il autorisera un tiers à recevoir et signer pour lui. Cette procuration devra aussi contenir le pouvoir de stipuler la résiliation de la police et de réitérer la subrogation mentionnée dans les conditions générales.

Cependant, si l'indemnité n'excède pas 50 francs, la Compagnie se contentera d'une quittance sur laquelle l'assuré apposera sa marque, en présence de deux témoins qui la certifieront par leur signature.

351. La Compagnie s'est réservé, par les conditions générales de la police, le droit de résilier l'assurance en totalité ou partie après un sinistre. Elle use de ce droit :

1° Pour les articles atteints par l'incendie, lorsqu'il y a eu destruction totale ou perte relative d'une certaine importance.

En ce cas, on peut faire une nouvelle police, après reconstruction ou remplacement des objets brûlés.

2° Pour la totalité de la police, quel que soit le montant des dommages, lorsque les circonstances qui ont précédé ou suivi l'incendie ont démontré la négligence ou l'imprudence grave et habituelle de l'assuré, ou ont donné lieu de soupçonner sa bonne foi, ou enfin ont prouvé que le risque était mauvais et que la Compagnie avait intérêt à s'en débarrasser.

352. La résiliation totale ou partielle est stipulée par un avenant fait et signé en double, dont une expédition est laissée à l'assuré et dont l'autre est jointe à la quittance du sinistre.

353. Lorsqu'un sinistre partiel est attribué à des causes qui pourraient faire craindre un nouvel incendie dans l'intervalle du règlement, il ne faut pas attendre, pour résilier la police, que le paiement soit effectué, et si l'assuré se refuse à une résiliation amiable, il faut la lui notifier par huissier, après autorisation de la Compagnie.

354. Aussitôt que le paiement d'un sinistre aura été effectué, l'agent enverra à la Compagnie la quittance signée et légalisée.

A l'appui de tout sinistre au-dessous de 50 francs qu'il aura payé sans autorisation, l'agent enverra, avec la quittance, un état détaillé des dommages, certifié par l'assuré et par lui.

355. Toute action en paiement de sinistre étant prescrite par un délai de six mois, aux termes de l'art. 20 des conditions générales de la police, les agens ne donneront aucune suite aux réclamations qui pourraient leur être faites passé ce délai.

Si l'assuré se trouve involontairement dans un des cas de déchéance prévus par l'article 275 ci-dessus, et si sa bonne foi est évidente, la Compagnie, suivant les circonstances qu'elle se réserve d'apprécier, pourra lui accorder une partie de l'indemnité qui lui aurait été due, s'il avait conservé ses droits.

CHAPITRE XX.

Des Saisies-Arrêts et du Contentieux.

ARTICLE **356.** Lorsqu'il sera fait, entre les mains de l'agent, des oppositions ou saisies-arrêts sur les fonds à payer à un assuré en vue d'un sinistre, il ne les visera point et se bornera à recevoir ces actes ; il en fera mention en tête des polices, ainsi que dans la colonne d'observations du registre des polices, et il les enverra à la Compagnie.

En cas de remplacement d'une police frappée d'opposition, mention de cette opposition devra être faite sur la nouvelle police.

357. Si avant l'incendie il a été fait des saisies-arrêts entre les mains de l'agent, ou si, depuis, il a reçu des oppositions, le paiement ne peut être effectué ni en totalité ni en partie, avant que toutes les oppositions, sans exception, aient été levées par un acte notarié.

358. Lorsque, par acte authentique dûment signifié, l'assuré aura fait cession et transport du montant de son indemnité, le paiement sera fait au cessionnaire, mais seulement après main-levée, par acte notarié, des autres oppositions qui pourraient exister ; l'assuré interviendra dans la quittance, comme il est dit à l'article 348 ci-dessus.

359. S'il est fait des oppositions concernant des assurances qui n'ont pas été souscrites dans l'agence, l'agent doit se refuser à les recevoir, en motivant son refus sur ce que le domicile légal de la Compagnie n'est qu'au siége de l'établissement à Paris, ou bien dans les lieux où elle a contracté. Il doit néanmoins en avertir la Compagnie.

360. Si, par suite de sinistre ou par toute autre cause, il s'élève entre la Compagnie et les assurés des contestations qui ne puissent être terminées à l'amiable, ces différens doivent être portés devant les tribunaux.

La Compagnie étant une société commerciale, peut être assignée devant les tribunaux de commerce.

Lorsque des assurés sont des commerçans ayant fait garantir leurs marchandises ou leurs fabriques, la Compagnie peut aussi les citer devant les tribunaux de commerce. Dans tous les autres cas, elle doit les assigner devant les tribunaux civils de première instance.

361. Les agens ne peuvent suivre aucun procès, soit comme demandeurs, soit comme défendeurs, sans l'autorisation expresse de la Compagnie, et avant qu'elle leur ait transmis ses instructions spéciales.

CHAPITRE XXI.

De la Comptabilité.

362. Les agens généraux tiennent trois registres, savoir :

1º *Un registre de police*, destiné à inscrire les assurances souscrites, ainsi que les avenans d'augmentation;

2º *Un livre de caisse*;

3º *Un registre à souche pour quittances de primes*. L'objet de ce registre a été expliqué à l'art. 241. Les quittances de primes sont préparées d'avance par mois et détachées du registre pour être présentées à l'encaissement. Celles qui restent impayées doivent, pour la décharge de l'agent, être réintégrées dans le registre et rattachées à la page d'où elles ont été extraites.

363. Le registre des polices sert à enregistrer les assurances jour par jour, sans blanc ni lacunes ni interlignes et par ordre de dates et de numéros, en ayant soin de laisser en blanc toutes les colonnes des *primes à terme*, lesquelles ne sont remplies qu'au fur et à mesure du paiement de chacune des primes à recouvrer.

Cette manière de procéder donne à MM. les agens la facilité de contrôler leurs propres opérations et d'apercevoir d'un seul coup d'œil quelles sont les primes arriérées de leur agence.

364. L'inscription des polices est faite d'avance sur les lignes et porte un numéro d'ordre qui doit être suivi sans interruption, pour que les numéros et les dates soient toujours correspondans; c'est au moment même de la confection des polices que doit avoir lieu leur enregistrement, et non pas lorsqu'elles arrivent signées par les assurés.

En cas de refus de ceux-ci de les accepter, elles devront être portées en annulations.

Toutes les fois qu'une police est devenue sans effet, on peut barrer la ligne d'un léger trait de plume horizontal, en laissant subsister, néanmoins, le motif d'annulation dans la colonne d'observations.

365. S'il s'agit de polices avec effet anticipé, et dont les primes sont payables postérieurement au mois de leur inscription, il faut néanmoins les inscrire au registre des polices, à la date où elles sont faites et sous leurs numéros d'ordre, mais en ayant soin de remplir par des guillemets toutes les colonnes destinées à l'inscription des primes à recouvrer, et en mettant à la colonne d'observations ces mots : *assurances anticipées, primes payables le* . . . . (date de l'échéance).

Cette inscription ne servant que *pour mémoire*, et afin que les numéros de police ne soient point interrompus, on procède à une seconde inscription complète, en tête du mois de l'effet des polices et dans lequel le paiement des primes doit avoir lieu.

Cette seconde inscription est faite *en encre rouge*, pour indiquer que la police a été souscrite antérieurement et expliquer ainsi pourquoi le numéro d'ordre est en dehors de sa série.

366. Une mention des annulations, réductions, augmentations, transferts, et de tous les changemens quelconques survenus durant tout le cours de l'assurance, est aussi faite sommairement dans la colonne d'observations du registre des polices, en regard de l'enregistrement primitif des articles que ces mutations concernent.

367. Lorsqu'il n'a été fait aucune opération dans le courant d'un mois, l'avis doit en être donné à la Compagnie par l'envoi, dans les *cinq premiers jours* du mois, de la circulaire D (Modèle nº 40). En outre, l'agent porte sur son registre en regard de la date du mois, ces mots : *Point d'assurances*.

368. Les *bordereaux d'assurances, souscrites pendant le mois*, sont relevés sur le registre des polices, quand bien même les polices ne seraient ni rentrées, ni payées. Ils doivent être certifiés et signés. Ils ne doivent ni embrasser plusieurs mois, ni contenir aucune assurance apppartenant au mois suivant.

Une colonne est réservée à l'indication du taux et du montant des commissions de première année accordées à l'agent général.

Ils indiquent, dans la colonne d'observations, les assurances provenant des renouvellemens ou remplacemens et celles résultant des reprises sur les autres Compagnies.

Ils indiquent également les assurances souscrites en vertu d'autorisations spéciales de la Compagnie, ainsi que la communauté des risques avec des assurances précédentes.

369. Lorsque l'assurance n'a pas un effet immédiat, on indique dans la colonne d'observations la date à laquelle elle prend cours. Si son effet commence dans l'année courante, la première prime est portée dans la première colonne.

Si l'assurance ne doit être en vigueur que dans l'une des années suivantes, la première prime s'inscrit dans la colonne correspondante à cette année.

Lorsque, par suite d'un effet éloigné, le nombre des colonnes est insuffisant ; on réunit dans la dernière les primes des années excédantes.

370. Dans la colonne des primes au comptant sont aussi portées les primes payées sous escompte, ainsi que celles composées d'une année et quelques mois ; il en est fait mention dans la colonne d'observations.

371. Le *livre de caisse* sert à inscrire, dans la forme indiquée au modèle, toutes les recettes et dépenses de l'agent.

Il doit, comme le registre des polices, être tenu jour par jour, sans blanc ni lacunes, ni interlignes, et être aussi arrêté à la fin de chaque mois.

Ce livre étant important pour la comptabilité de l'agent, et pouvant être produit en justice, par suite de contestations avec les assurés, il faut qu'il soit tenu avec la plus grande régularité.

372. A la fin de chaque mois, les agens font, d'après le livre de caisse, un état des primes qui ont été encaissées, et ils l'envoient à la Compagnie avec leur bordereau d'assurances.

Pour être à même d'établir cet état avec autant d'exactitude qu'il est possible, ils en exigeront un semblable de chacun de leurs agens spéciaux.

373. La recette des primes doit être inscrite, article par article, avec indication de l'année à laquelle chaque prime payée est afférente (art. 377).

374. A la fin de chaque mois, les comptes sont clos et arrêtés, et l'agent prélève sur sa caisse ses remises et commissions, de telle façon que le solde du livre représente exactement la somme due à la Compagnie.

375. Les comptes ne peuvent empiéter d'un mois sur l'autre; si, dans l'intervalle de la clôture au jour de l'envoi, il y a de nouveaux articles, tels que remises, paiemens de sinistres, etc., on les porte à la suite, dans le mois suivant.

376. La comptabilité de chaque mois se compose des pièces suivantes :

1° Un bordereau des assurances souscrites pendant le mois. (*Voir modèle n° 18.*)

2° Les polices et avenans à l'appui.

3° Un état des primes échues, encaissées pendant le mois. (*Voir modèle n° 20.*)

4° Un bordereau des polices annulées, résiliées, remplacées ou réduites pendant le mois. (*Voir modèle n° 19.*)

5° Enfin, un décompte portant toutes les recettes et les dépenses du mois. (*Voir modèle n° 21.*)

Ces pièces doivent être transmises, avec la lettre d'envoi (*modèle n° 22*), annexée audit décompte, dans les *cinq* premiers jours de chaque mois, à l'exception du bordereau d'annulations, qui peut être trimestriel.

377. *L'état des primes échues, encaissées pendant le mois* (modèle n° 20) sert à inscrire toutes les primes échues, dont l'agent a fait le recouvrement pendant le mois.

Le relevé de ces primes se fait sur le livre de caisse.

Il est essentiel d'indiquer exactement l'année à laquelle la prime payée est afférente. Cette indication se fait, non pas en mettant le millésime de l'année, comme 1854 ou 1855, mais en désignant l'année de l'assurance par 2me, 3me, 4me, etc, suivant l'échéance.

Par mesure d'ordre, il est recommandé à MM. les agents de ne jamais faire figurer, soit dans les livres, soit dans les bordereaux, des primes qui n'auraient pas été payées en réalité par les assurés. L'agent ne devant, en aucun cas, faire l'avance d'une prime, il est averti que toutes celles qui figureront dans ses comptes ou bordereaux demeureront irrévocablement acquises à la Compagnie, et seront considérées comme régulièrement encaissées, nonobstant toutes réclamations contraires.

378. *Le bordereau des polices annulées, résiliées, remplacées ou réduites* (modèle n° 19) pendant le mois, doit faire connaître les causes qui ont amené les changemens ou résiliations.

Les annulations, quand elles sont nombreuses, sont totalisées chaque mois, et un bordereau en est envoyé à la Compagnie avec le bordereau d'assurances; si les annulations sont rares, il suffit de les totaliser et d'en envoyer l'état tous les trois mois.

379. *Le décompte* est le compte général mensuel de l'agent avec la Compagnie; il résume toutes les natures de recettes et de dépenses.

L'espace réservé en blanc aux deux parties du décompte, sert à inscrire les recettes ou dépenses non désignées par les articles imprimés.

380. *Au débit du décompte*, on inscrit :

1° Le nombre des polices *grand format* dont l'agent se charge en recette pour le prix de 1 fr. et qu'il doit livrer à l'assuré au prix de 2 fr.;

2° Les avenans portés au prix de 50 c. et que l'agent devra faire payer 1 franc;

3° Du nombre des grandes plaques reçues au prix de 1 fr. 25 c. et que l'agent fera payer 2 fr.

4° Des plaques moyennes portées à 1 fr. et cotées pour l'assuré à 1 fr. 50 c.;

5° Et des petites plaques du prix de 50 c. et fixées pour l'assuré à 75 c.;

6° Le total des primes au comptant ou de première année de chaque bordereau (*modèle n° 18*);

7° Le montant des primes échues, encaissées dans le mois et provenant des opérations antérieures (*modèle n° 20*);

8° Des primes échues provenant des gestions antérieures;

9° Des primes étrangères à l'agence (*idem*);

10° Et enfin, de toutes sommes reçues de la Direction.

Au crédit du décompte, on inscrit :

1° Les commissions diverses allouées à l'agent;

2° Le montant de chaque sinistre payé, en divisant le principal, suivant *quittance*, et les frais, conformément au bordereau de paiement (*modèle n° 23*);

3° Les remises ou envois de fonds faits à la Compagnie.

381. Tous les bordereaux, états ou décomptes mensuels doivent être certifiés, datés et signés par l'agent général.

382. La Compagnie se chargeant de fournir les fonds nécessaires pour le paiement des sinistres, MM. les agens ne devront jamais retenir ou conserver en mains les fonds de leur comptabilité dans le but de les appliquer aux sinistres.

383. Lorsqu'un agent général se charge, par obligeance, de recouvrer des primes pour un autre agent, il ne doit pas faire figurer ces primes dans son compte, mais s'entendre avec son collègue pour lui faire tenir le montant de ces recouvrements.

384. Indépendamment de leur comptabilité avec la Direction générale, MM. les agens généraux sont invités à tenir un compte courant régulier avec chacun de leurs agens spéciaux. Ils y porteront les primes et quittances dont ils leur confieront le recouvrement, les versemens qu'ils recevront en retour, et les commissions et bonifications dont ils sont convenus avec eux.

385. Toute la comptabilité relative aux agens spéciaux, doit être représentée à MM. les Inspecteurs, avec toutes les autres pièces, livres, registres et papiers de l'agence.

386. Dans aucun cas, les écritures relatives à la gestion de l'agence ne doivent être confondues avec celles des propres affaires de l'agent, et les fonds de la Compagnie doivent aussi être mis à part, afin qu'à tout moment les inspecteurs de la Compagnie puissent en faire la vérification.

387. MM. les agens, n'étant que les dépositaires des fonds de la Compagnie, doivent être toujours prêts à les lui remettre. Ceux qui s'en serviraient, même momentanément, pour leur usage personnel, commettraient un abus de confiance et seraient passibles, s'ils ne pouvaient les restituer à la première demande, des dipositions de l'art. 408 du Code pénal.

388. Les fonds provenant de la balance du décompte de chaque mois, quelque minime que puisse être le solde en caisse, doivent être versés du 1ᵉʳ au 5 du mois suivant :

En espèces, par les Messageries ou bien par les chemins de fer ;
En traites du receveur général sur le Trésor ;
En effets de commerce sur Paris à courts jours, sous la *garantie des agents* ;
En mandats des Comptoirs nationaux ou Succursales de la Banque de France sur l'établissement central ;

Ce dernier mode, là où il est praticable, est préférable à tout autre.

Les mandats et autres effets doivent être passés à l'ordre de M. Benard-Lechevallier, Directeur général du *Globe*, Compagnie d'assurances et de réassurances contre l'incendie et l'explosion du gaz.

389. Quand les agens ne peuvent employer le mode de remises indiqué dans l'article précédent, ou quand ils le préfèrent, la Compagnie fait traite sur eux à 10 ou 15 jours de date.

CHAPITRE XXII.

Transmission des Pièces de comptabilité, Polices et Correspondance.

390. Les avis de sinistres (*voir art.* 268) et toutes les autres lettres, ainsi que les propositions d'assurances exceptionnelles, sont envoyés par la poste.

Sont envoyées également, aussitôt après leur souscription, les polices qui ne peuvent être consenties qu'en vertu de l'autorisation spéciale de la Compagnie.

391. Les bordereaux d'assurances, états d'encaissemens et autres pièces comptables, ainsi que les polices et avenans, doivent être envoyés tous les mois, comme il est dit à l'article 376 ci-dessus. L'agent, *pour mettre sa responsabilité à couvert*, ne doit pas différer l'envoi de ces pièces au-delà des *cinq premiers jours* de chaque mois.

392. Aux termes de la loi du 5 juin 1850, la Compagnie est tenue d'avoir, en ses bureaux, à Paris, un répertoire général sur lequel sont portées, par ordre de numéros, toutes les assurances faites, soit directement, soit par ses agens.

Les préposés de l'enregistrement, à Paris, peuvent, en outre, exiger la représentation de toutes les polices en cours d'exécution.

Chaque contravention est passible d'une amende de 10 fr.

Les agents qui, par des retards prolongés dans l'envoi de leurs polices ou bordereaux, exposeraient la Compagnie à ces pénalités, en deviendraient responsables.

393. Aux termes de la loi du 24 mai 1854, et à dater du 1ᵉʳ juillet suivant, la taxe des lettres affranchies circulant à l'intérieur, de bureau à bureau, est réduite à *vingt centimes* par lettre simple. Les lettres non affranchies sont taxées à *trente centimes*.

Les lettres dont le poids excèdera *sept grammes et demi*, et qui ne pèseront pas plus de *quinze grammes*, seront taxées à *quarante centimes* si elles sont affranchies, et à *soixante centimes* si elles ne sont pas affranchies.

Les lettres et paquets de papiers d'un poids excédant *quinze grammes* et n'excédant pas *cent grammes*, sont taxés à *quatre-vingt centimes* en cas d'affranchissement, et à *un franc vingt centimes* en cas de non affranchissement.

En conséquence, les lettres et papiers *dont le poids n'excède pas 100 grammes* doivent être envoyés par la poste, *affranchis* et portés, chaque mois, au crédit du décompte (*voir modèle n° 21*). Cet affranchissement est *obligatoire* pour MM. les agens, à partir du 1er juillet 1854.

Les papiers dont le poids serait plus élevé sont expédiés par les Messageries ou les chemins de fer; mais on ne doit y insérer aucune lettre, sous peine d'amende, si le paquet était saisi par l'administration des postes.

Lorsque les villes où résident les agens ne sont pas sur le parcours direct des Messageries, il y a économie à envoyer par la poste, *toujours en les affranchissant*, les papiers qui pèsent jusqu'à 200 grammes.

Les paquets envoyés par la poste doivent être disposés en forme de lettres et recouverts d'une simple enveloppe de papier.

394. Lorsqu'il sera fait des envois d'espèces, il en sera donné avis par correspondance.

S'il est fait en même temps un envoi d'espèces, et un envoi de papiers, il faut les réunir en un seul paquet, mais en faisant la déclaration des espèces, afin que les Messagers ne puissent décliner leur responsabilité.

395. Les lettres et paquets sont adressés à M. BENARD-LECHEVALLIER, *Directeur général du* GLOBE. *Compagnie d'assurances*. rue de Provence, 60, à Paris.

CHAPITRE XXIII.

Des Archives et du Matériel de l'Agence.

396. Les polices destinées aux archives de l'agence doivent être classées par ordre de numéros et de dates, et renfermées sous clef, en y annexant les propositions et les avenans qui les concernent.

Les lettres de la Compagnie sont mises en liasse et l'agent tient compte des siennes sur un registre ou un cahier, en leur donnant une série de numéros.

397. Les imprimés transmis par la Compagnie doivent être tenus avec soin et ne jamais être employés à un autre usage que celui auquel ils sont destinés.

Les polices timbrées en blanc doivent être conservées soigneusement.

Il en est de même des plaques, qu'il faut placer à l'abri de l'humidité et de tout contact qui pourrait les détériorer.

398. Pour diminuer les frais de transport, les agens sont priés de ne jamais demander un objet dont ils ont besoin, sans avoir vérifié l'état de leur approvisionnement, afin de borner, autant que possible, les envois de la Compagnie à trois ou quatre par année.

399. MM. les agens ne peuvent rien faire imprimer, publier ou insérer dans les journaux, sans l'autorisation spéciale et expresse de la Compagnie.

S'il est fait, par d'autres Compagnies ou par des particuliers, des publications qui puissent intéresser la Compagnie, ils doivent en donner avis au Directeur général.

400. Toutes les fois qu'il se présentera des cas non prévus par les présentes instructions, ou pour lesquels elles seront insuffisantes, MM. les agens devront en référer à la Compagnie et demander des instructions spéciales.

401. Lorsque la Compagnie fera connaître à MM. les agents des changemens ou modifications aux présentes instructions, ils devront en prendre note et en faire mention en marge des articles changés ou modifiés.

MODÈLES DE POLICES.

POLICE D'ASSURANCE SUR MAISON, DÉPENDANCES, MOBILIER PERSONNEL
ET RECOURS DES VOISINS.

Conditions particulières.

La Compagnie **LE GLOBE** assure contre l'Incendie et contre le Feu du Ciel, aux conditions générales qui précèdent et à celles particulières ci-après :

À M. Richard (Auguste), rentier, _____
demeurant à Caen (Calvados), _____
agissant pour son compte, comme propriétaire, _____
la somme de quarante mille francs sur maison, dépendances, mobilier personnel et recours des voisins.

SAVOIR :	Somme assurée par CHAQUE ARTICLE.	Taux DE PRIME p¹ 1,000.	Montant DE LA PRIME par article.
	fr.	fr. c.	fr. c.
1° *Quinze mille* francs sur une maison d'habitation située à Caen, rue Saint-Pierre, n° 20, construite en pierres et moellons, couverte en tuiles.	15,000	» 30	4 50
2° *Quatre mille* francs sur un bâtiment situé au fond de la cour de la dite maison, dont il est entièrement séparé, à usage d'écurie, remise et grenier à fourrages, construit en pans de bois et couvert en ardoises.	4,000	» 40	1 60
3° *Huit mille* francs sur son mobilier personnel placé dans la maison désignée art. 1ᵉʳ, réparti comme suit :			
Meubles et ustensiles. . . . . 3,500 fr.			
Linge et effets d'habillement. 1,800			
Provisions de ménage. 500	8,000	» 75	6 »
Glaces, pendules et ornemens. 1,200			
Argenterie de table. 600			
Bibliothèque. 400			
4° *Deux mille* francs sur voitures, chevaux et harnais placés dans le bâtiment désigné art. 2.	2,000	1 »	2 »
5° *Mille* francs sur fourrages placés dans les greniers dudit bâtiment.	1,000	1 25	1 25
6° *Dix mille* francs pour garantie du recours des voisins de la maison décrite art. 1ᵉʳ.	10,000	» 10	1 »
Abonnement pour timbre et frais de Répertoire à raison de 0 fr. 03 c. pour 1,000 fr. du capital assuré.	»	» 03	1 20
TOTAL . . . . F.	40,000		17 55

L'Assuré déclare que les bâtimens assurés ou renfermant les objets assurés ne sont contigus à aucun des risques mentionnés au § 7 de l'article 8, si ce n'est à _____ qu'il n'est exercé dans lesdits bâtimens aucune profession augmentant le risque et qu'il n'y existe pas de marchandise hasardeuse. _____

L'assurance est faite pour dix années, _____

commençant le quinze mai courant, ─────────────── à midi,
et finissant le quinze mai mil huit cent soixante-quatre, ─────────── à midi,
moyennant la prime détaillée ci-dessus, faisant la somme annuelle de dix-sept francs
cinquante-cinq centimes, que l'Assuré s'oblige à payer le quatorze mai de chaque année, sur
quittance à souche signée de l'Agent général fondé de pouvoirs.

La Compagnie reconnait avoir reçu comptant la somme de dix-sept francs cinquante-
cinq centimes pour prime de la première année, plus le coût de la Police et le prix de la plaque.

Les conditions imprimées et manuscrites de la présente Police ne pourront, en aucun cas, être réputées commi-
natoires; elles sont expressément convenues et arrêtées entre les parties pour être exécutées de bonne foi.

Fait triple à Caen, le quatorze mai mil huit cent cinquante-quatre.

L'Assuré,
(Signé) RICHARD.

POUR LA COMPAGNIE :
L'Agent général fondé de pouvoirs,
(Signé) MOISSON.

MODÈLE N° 2.

POLICE D'ASSURANCE
D'UN PROPRIÉTAIRE AGISSANT POUR LUI ET SES LOCATAIRES.

La Compagnie LE GLOBE assure contre l'Incendie, etc.,
A M. JOUFFROY (Louis), ancien négociant,
demeurant à Mantes (Seine-et-Oise),
agissant comme propriétaire et pour ses locataires.

	Somme assurée par CHAQUE ARTICLE.	Taux DE PRIME pr 1,000.	Montant DE LA PRIME par article.
	fr.	fr. c.	fr. c.
La somme de *quarante mille* francs sur une maison sise à Mantes, rue de Paris, N° 25, construite en pierres et pans de bois et couverte en tuiles.	40,000	» 30	12 »
M. JOUFFROY, voulant que cette assurance profite aux locataires de ladite maison, la Compagnie renonce, en leur faveur, en cas de sinistre, sans aucune augmentation de prime, à la subrogation stipulée par l'art. 18 des conditions générales, et en vertu des articles 1733 et 1734 du Code Napoléon			
Abonnement pour timbre et frais de répertoire, à raison de 3 c. pour 1,000 du capital assuré.		» 03	1 20
TOTAL. . . . . F.	40,000		13 20

ns 3.

POLICE D'ASSURANCE

SUR MOBILIER, MARCHANDISES, USTENSILES, RISQUES LOCATIF, DE VOISINS ET DE GAZ.

La Compagnie LE GLOBE *assure contre l'Incendie*, etc.,
A M. Duclos (Ferdinand), marchand chapelier,
demeurant à Lille, rue Esquermoise, n° 20,
agissant pour son compte,
la somme de trente mille francs.

SAVOIR :	Somme assurée par CHAQUE ARTICLE.	Taux DE PRIME p^r 1,000.	Montant DE LA PRIME par article.
	fr.	fr. c.	fr. c.
1° *Six mille* francs sur marchandises relatives à son commerce	6,000		
2° *Deux mille cinq cents* francs, sur comptoirs, banquettes, glaces, pendule, cheminée en marbre, montres vitrées, étalages, appareils d'éclairage et tous autres objets industriels de son établissement	2,500	» 75	6 37
3° *Quinze cents* francs sur la devanture en glaces de son magasin.	1,500	1 »	1 50
Le tout placé dans ladite maison, construite en pierres et briques, couverte en ardoises, sise rue Esquermoise, N° 20, à Lille.			
4° *Dix mille* francs sur son risque locatif dans ladite maison . . . •	10,000	» 20	2 »
5° *Dix mille* francs pour la garantie du recours des voisins.	10,000	» 10	1 »
La Compagnie répond, en outre, *sans supplément de prime,* aux mêmes clauses et conditions que pour l'assurance contre l'incendie, des dégâts que l'explosion du gaz servant à l'éclairage pourrait occasionner aux objets assurés ci-dessus, jusqu'à concurrence des sommes garanties par chacun des articles de la présente police.			
Abonnement pour timbre et frais de répertoire, à raison de 3 c. pour 1,000 francs du capital assuré.		» 03	» 90
TOTAL.	30,000		11 77

MODÈLE N° 4.

POLICE D'ASSURANCE

SUR MARCHANDISES ET MOBILIER, AVEC RENONCIATION AU RECOURS LOCATIF.

La Compagnie LE GLOBE *assure contre l'Incendie*, etc.
A M. Delahaye (Louis), négociant,
demeurant à Etampes (Seine-et-Oise), place du Marché, n° 4,
agissant comme propriétaire des objets mobiliers et locataire de l'Immeuble,
la somme de quarante-trois mille francs.

SAVOIR :	Somme assurée par CHAQUE ARTICLE.	Taux DE PRIME pr 1,000.	Montant DE LA PRIME par article.
	fr.	fr. c.	fr. c.
1° *Vingt-cinq mille* francs sur marchandises non hasardeuses, consistant en merceries, soieries, draperies et étoffes de laine et soie.............	25,000	» 75	18 75
2° *Cinq mille* francs sur marchandises, telles que broderies, gazes, tulles, dentelles et parfumeries.............	5,000	1 »	5 »
3° *Cinq mille* francs sur le mobilier industriel et les agencemens du magasin..	5 000	» 75	3 75
4° *Huit mille* francs sur son mobilier personnel, consistant en meubles, linge, ustensiles, provisions de ménage, pendules et ornemens (dans cette somme, l'argenterie et les bijoux sont compris pour *huit cents* francs).............	8,000	» 75	6 »

Ces objets existent ou peuvent exister dans une maison située dans ladite ville d'Étampes, place du Marché, N° 4, appartenant à M. Joubert, laquelle est construite en pierres et pans de bois, couverte en ardoises et assurée par la Compagnie, suivant police N° 3, jusqu'au 15 mai 1864. En vertu de cette assurance, la Compagnie renonce, en cas de sinistre, pendant la même durée, jusqu'à concurrence de la somme de *dix mille francs*, au recours qu'elle pourrait être fondée à exercer contre M. Delahaye, comme subrogée aux droits du propriétaire et en vertu des articles 1733 et 1734 du Code Napoléon.

| Abonnement pour timbre et frais de répertoire, à raison de 3 c. pour 1,000 francs du capital assuré............. | | » 03 | 1 30 |
| TOTAL......... | 43,000 | | 34 80 |

— 49 —

POLICE D'ASSURANCE SUR FERME, BESTIAUX, RÉCOLTES ET MEULES.

La Compagnie LE GLOBE *assure contre l'Incendie*, etc.,
A M. COURTOIS (Jean-Baptiste), cultivateur,
demeurant à Gonesse, arrondissement de Pontoise (Seine-et-Oise),
agissant pour son compte, comme propriétaire,
la somme de trente-neuf mille trois cents francs, sur les bâtimens comprenant la ferme de Beauséjour, située à Gonesse, ainsi que sur les objets y renfermés,

SAVOIR :	Somme assurée par CHAQUE ARTICLE.	Taux DE PRIME pr 1000.	Montant DE LA PRIME par article.
	fr.	fr. c.	fr.
1° *Trois mille* francs sur bâtiment à usage d'habitation, coté N° 1 au tracé d'autre part, construit en pierres et moellons et couvert en tuiles..	3,000	0 40	1 20
2° *Deux mille* francs sur un mobilier personnel, placé dans la maison cotée N° 1.	2,000	0 75	1 50
3° *Quinze cents* francs sur un bâtiment servant de grange, coté N° 2, contigu au bâtiment précédent, dont il est séparé jusqu'au faîte par un mur en moellons n'ayant aucune couverture. Il est construit en pans de bois et briques et couvert en ardoises.	1,500	1 »	1 50
4° *Mille* francs sur récoltes dans le bâtiment N° 2.	1,000	1 »	1 »
5° *Six mille* francs sur une vaste grange cotée N° 3, construite en briques et couverte en chaume.	6,000	5 »	30 »
6° *Quatre mille* francs sur récolte dans la grange N° 3.	4,000	5 »	20 »
7° *Deux mille* francs sur une bergerie cotée N° 4, construite en pans de bois et briques et communiquant avec la précédente..	2,000	5 »	10 »
8° *Mille* francs sur moutons, dans la bergerie cotée N° 4 (1).	1,000	5 »	5 »
9° *Quinze cents* francs sur un bâtiment coté N° 5, à l'usage d'écurie et de vacherie, construit en torchis, couvert en chaume.	1,500	5 »	7 50
10° *Quinze cents* francs sur vaches et chevaux, dans ledit bâtiment coté N° 5 (1)	1,500	5 »	7 50
11° *Deux mille* francs sur un bâtiment coté N° 6, servant de remise, avec grenier au-dessus, construit en moellons et pans de bois, couvert en tuiles. Il est contigu au précédent jusqu'au faîte, par un mur en moellons sans couverture. . .	2,000	2 » 2/5 de 5	4 »
12° *Dix-huit cents* francs sur voitures et instrumens aratoires, dans ledit bâtiment coté N° 6.	1,800	2 »	3 60
13° *Quinze cents* francs sur une étable cotée N° 7, construite en briques, couverte en tuiles et chaume (la partie en tuile est la moins étendue).	1,500	2 25 3/4 de 3	3 37
14° *Cinq cents* francs sur porcs, renfermés dans ladite étable.	500	2 25	1 12
15° *Six mille francs* sur récoltes en meules, au nombre de trois, placées à une distance d'au moins 12 mètres les unes des autres, sur les terres dépendantes de ladite ferme.	6,000	5 »	30 »
16° *Quatre mille* francs sur deux autres meules, placées de la même manière, pendant six mois de l'année, du premier juillet au premier janvier.	4,000	3 50	14 »
L'assurance pourra suivre, jusqu'à son terme, ces récoltes dans chacun des bâtimens ci-dessus désignés.			
Abonnement pour timbre et frais de répertoire, à raison de 3 c. pour 1000 fr. du capital assuré.		» 03	1 17
TOTAL.	39,300		142 46

(1) Si l'on désire que les moutons, vaches et chevaux soient assurés ailleurs que dans ces bâtimens, il faudra ajouter « *et sur les terres exploitées par l'assuré.* »

TRACÉ.

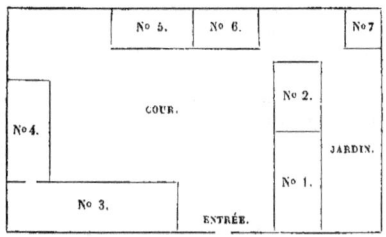

POLICE D'ASSURANCE
SUR MARCHANDISES ORDINAIRES ET MARCHANDISES HASARDEUSES.

MODÈLE N° 6.

La Compagnie LE GLOBE assure contre l'Incendie, etc.,

A M. BÉRARD (Adolphe), négociant,

demeurant à la Villette, rue de Flandres, n° 60, arrondissement de Saint-Denis (Seine),

agissant pour son compte et pour celui de qui il appartiendra,

la somme de cent mille francs sur les objets ci-après désignés :

SAVOIR :	Somme assurée par CHAQUE ARTICLE.	Taux DE PRIME p 1,000.	Montant DE LA PRIME par article.
	fr.	fr. c.	fr. c.
1° *Vingt-cinq mille* francs sur bâtimens servant de magasins, construits en pierres et moellons, couverts en ardoises, situés à la Villette, rue de Flandre, n° 60.	25,000	" 30	7 50
2° *Soixante-quinze mille* francs sur les vins, eaux-de-vie et esprits qui existent ou pourront exister dans lesdits magasins	75,000	" 75	56 25
Il est expressément convenu, sous peine par l'assuré de n'avoir droit à aucune indemnité, en cas de sinistre, que les eaux-de-vie et esprits compris dans lesdites marchandises ne pourront excéder une somme de *dix mille* francs, en comptant les eaux-de-vie et esprits jusqu'à 24 degrés pour leur valeur, et les eaux-de-vie et esprits au-dessus de 24 degrés pour une valeur double.			
Abonnement pour timbre et frais de répertoire, à raison de 3 c. pour 1000 francs de capital assuré		" 03	3 "
TOTAL . . . . : . . . F.	100.000		66 75

N° 7.

POLICE D'ASSURANCE

SUR MARCHANDISES HASARDEUSES ET MARCHANDISES DOUBLEMENT HASARDEUSES.

La Compagnie LE GLOBE *assure contre l'Incendie*, etc.,
A M. LECOQ (Jules), commissionnaire,
demeurant à Bourges, département du Cher,
agissant tant pour son compte que pour celui de qui il appartiendra,
la somme de soixante-quinze mille francs sur les objets ci-après désignés :

SAVOIR :	Somme assurée par CHAQUE ARTICLE.	Taux DE PRIME p^r 1,000	Montant DE LA PRIME. par article.
	fr.	fr. c.	fr. c.
1° *Cinquante mille* francs sur huiles, laines en suint, chanvre, brai, résine, liqueurs, vins, goudron, et en général, sur toutes les marchandises ordinaires et simplement hasardeuses qui existent ou pourront exister dans un magasin faisant partie d'une maison située à Bourges, rue de l'Horloge-Saint-Paul, N° 10, construite en pierres et moellons et couverte en tuiles et ardoises	50,000	1 25	62 50
2° *Vingt-cinq mille* francs sur essences, vernis, esprits, eaux-de-vie et autres marchandises qui existent ou pourront exister dans un magasin entièrement isolé, construit et couvert comme le précédent, et situé au fond du terrain dépendant de la maison ci-dessus désignée	25,000	2 50	62 50
M. LECOQ déclare, conformément à l'article 9 des conditions générales, que la Compagnie mutuelle du Cher assure déjà une somme de quarante-cinq mille francs sur les objets désignés ci-dessus, suivant police du 16 février 1854, savoir :			
1° *Trente mille* francs sur les marchandises désignées en l'art. 1er.			
2° *Quinze mille* francs sur celles désignées en l'art. 2.			
Abonnement pour timbre et frais de répertoire, à raison de 3 c. pour 1000 francs du capital assuré		» 03	2 25
TOTAL. . . . . F.	75,000		127 25

MODÈLE N° 8.
1ᵉʳ CAS.

POLICES DE CRÉANCES HYPOTHÉCAIRES.

La Compagnie LE GLOBE *assure contre l'Incendie*, etc.,
A M. BENOIT (André-Louis), *propriétaire*,
demeurant à Lyon, rue Pigalle, n° 7,
agissant pour son compte comme créancier hypothécaire,
la somme de soixante mille francs sur les objets ci-après désignés :

SAVOIR :	Somme assurée par CHAQUE ARTICLE.	Taux DE PRIME p' 1,000.	Montant DE LA PRIME. par article.
	fr.	fr. c.	fr. c.
1° *Soixante mille* francs sur une maison et dépendances, située à Lyon, rue Saint-Dominique, N° 2, élevée sur caves, d'un rez-de-chaussée, trois étages et grenier au-dessus, construite en pierres et pans de bois, couverte en tuiles, appartenant à M. RAMEAU (Casimir), débiteur de M. BENOIT, aux termes d'un acte reçu par M. LEROUX et son collègue, notaires à Lyon, le premier janvier 1854, inscrit au bureau des hypothèques de ladite ville, le 10 du même mois, volume 7, N° 361, ainsi qu'il résulte de l'état délivré par le conservateur des hypothèques de Lyon, le 1ᵉʳ février 1854..............................	60,000	» 30	18 »
Cette assurance a pour objet de garantir à M. BENOIT le montant de sa créance, jusqu'à concurrence de la susdite somme, dans le cas où, par suite d'un sinistre, ladite maison et dépendances sur lesquelles porte l'hypothèque ne lui présenteraient plus un gage suffisant.			
Il est expressément convenu que cette garantie n'aura son effet qu'autant que l'inscription de l'assuré serait arrivée en ordre utile, et après déduction des frais d'expropriation.			
Il demeure bien entendu que M. BENOIT n'agit que pour son compte particulier, et que, dans aucun cas et sous aucun prétexte, M. RAMEAU, ses héritiers ou ayans-droit, ne pourront élever aucune prétention sur l'assurance contractée exclusivement dans l'intérêt du créancier.			
M. BENOIT sera tenu, en recevant le paiement de l'indemnité à la charge de la Compagnie, de la subroger, mais sans garantie de sa part, jusqu'à concurrence de la somme qu'elle lui aura payée et des frais qu'elle aura supportés, dans son action personnelle contre son débiteur, ses héritiers ou ayans-droit, ainsi que dans tous les droits hypothécaires, sans exception, résultant de sa créance, laquelle repose sur la généralité des immeubles décrits ou indiqués, dans l'état d'inscription susrelaté, sans que cette subrogation puisse nuire ou préjudicier en rien aux droits qu'aurait encore M. BENOIT sur la maison et dépendances hypothéquées, en cas de remboursement partiel de sa créance.			
Abonnement pour timbre et frais de répertoire, à raison de 3 c. pour 1000 francs du capital assuré.............................		» 03	1 80
TOTAL......... F.	60,000		19 80

POLICE D'ASSURANCE
FAITE PAR UN PROPRIÉTAIRE AGISSANT POUR LUI ET UN CRÉANCIER.

La Compagnie LE GLOBE *assure contre l'incendie*, etc.
A M. . . . . propriétaire ;
demeurant à. . . . . rue. . . . . n°. . .
agissant tant pour lui-même que pour M. . . . . son créancier intervenant.

	Somme assurée par CHAQUE ARTICLE.	Taux DE PRIME p^r 1000.	Montant DE LA PRIME par article.	
	fr.	fr. c.	fr.	c.
La somme de *soixante mille* francs, etc	60,000	» 30	18	»
La Compagnie, en cas de sinistre, paiera le montant de l'indemnité dont elle sera tenue, tant au créancier ci-dessus dénommé, qu'au sieur A..., propriétaire, mais à la charge par eux de rapporter main-levée des oppositions qui auraient pu être formées par des tiers.				
Il est bien entendu que cet engagement n'est pris par la Compagnie, à l'égard du sieur B...., qu'autant que le sieur A.... se sera entièrement conformé aux conditions de la présente police.				
Abonnement pour timbre et frais de répertoire, à raison de 3 c. pour 1000 francs du capital assuré.	»	» 03	1	80
Total . . . . F.	60,000		19	80

POLICE D'ASSURANCE
FAITE PAR UN CRÉANCIER, DANS SON INTÉRÊT ET DE CELUI DU PROPRIÉTAIRE NON INTERVENANT.

La Compagnie LE GLOBE *assure contre l'incendie*, etc.
A M. . . . .
demeurant à. . . . . rue. . . . . n°. . . .
agissant tant en son nom, comme créancier, que pour M . . . . propriétaire.

	Somme assurée par CHAQUE ARTICLE.	Taux DE PRIME p^r 1000.	Montant DE LA PRIME par article.	
	fr.	fr. c.	fr.	c.
La somme de *soixante mille* francs, etc	60,000	» 30	18	»
La Compagnie, en cas de sinistre, paiera le montant de l'indemnité dont elle sera tenue, tant au créancier assuré qu'au sieur A...., propriétaire, mais à la charge par eux de rapporter main-levée des oppositions qui auraient pu être formées par des tiers.				
La présente police n'a d'effet que si les objets directement désignés n'ont pas été assurés par le propriétaire, ou s'ils ne l'ont été que pour une somme insuffisante, ou enfin si l'assurance faite par ce dernier est devenue caduque.				
Abonnement pour timbre et frais de répertoire, à raison de 3 c. pour 1,000 francs du capital assuré	»	» 03	1	80
Total . . . . F.	60,00		19	80

MODÈLE N° 9.

POLICE D'ASSURANCE
SUR MOULIN A BLÉ, MU PAR L'EAU.

La Compagnie LE GLOBE assure contre l'Incendie, etc.
A M. RENARD (Pierre), meunier,
demeurant à Lagny (Seine-et-Marne),
agissant comme propriétaire,
la somme de soixante-dix-huit mille francs ;

SAVOIR :

	Somme assurée par CHAQUE ARTICLE.	Taux DE PRIME p^r 1,000.	Montant DE LA PRIME par article.
	fr.	fr. c.	fr. c.
1° *Dix mille* francs sur un corps de bâtiment de trois étages, situé à l'entrée du pont de Lagny, servant de moulin à blé, mu par l'eau, et divisé en deux parties communiquant entre elles par des portes à chaque étage.	10,000	4 »	40 »
2° *Seize mille* francs sur le mécanisme du moulin, consistant en quatre paires de meules montées à l'anglaise et munies de tous les accessoires, contenu dans le bâtiment précédent.	16,000	4 »	64 »
3° *Seize mille cinq cents* francs sur blé, farines et sacs qui existent ou pourront exister dans les bâtimens dudit moulin	16,500	4 »	66 »
4° *Deux mille* francs sur un bâtiment composé d'un rez-de-chaussée et d'un grenier, contigu, sans communication avec le bâtiment du moulin, dont il est séparé jusqu'au faîte par un mur en pierres.	2,000	1 60 2/3 de 4	3 20
5° *Douze mille* francs sur la maison d'habitation, composée d'un rez-de-chaussée, d'un étage et d'un grenier mansardé, contiguë, sans communication avec le bâtiment précédent, dont elle est séparée jusqu'au faîte par un mur en pierres.	12,000	» 64	7 68
6° *Quatre mille* francs sur un mobilier personnel, contenu dans la maison d'habitation (l'argenterie de table est comprise pour *cinq cents* francs).	4,000	« 75	3 »
Tous les bâtimens ci-dessus sont construits en pierres et couverts en tuiles.			
7° *Deux mille* francs sur un bâtiment, séparé des précédens par une distance de quatre mètres, servant de remise, avec grenier au-dessus, construit en moellons et pans de bois, couvert en tuiles et chaume (la partie couverte en chaume est la moins étendue)	2,000	2 » 1/2 de 4	4 »
8° *Trois mille* francs sur voitures, chevaux, harnais et fourrages dans ledit bâtiment.	3,000	2 »	6 »
9° *Quatre mille* francs sur un bâtiment servant de magasin, construit sur un îlot, entre la rivière du moulin et un déversoir ; composé d'un rez-de-chaussée, d'un étage et d'un grenier, bâti en briques et pans de bois et couvert en ardoises, y compris deux appentis de même construction et couverture, l'un servant de remise et l'autre servant d'écurie pour deux chevaux.	4,000	» 60	2 40
10° *Huit mille cinq cents* francs sur blé, farines et sacs qui existent ou pourront exister dans le précédent bâtiment	8,500	1 »	8 50
M. RENARD déclare qu'il n'existe pas plus de quatre paires de meules dans le moulin assuré, et il s'oblige, dans le cas où il en établirait un plus grand nombre, à se soumettre aux dispositions de l'article 8 des conditions générales.			
Abonnement pour timbre et frais de répertoire, à raison de 3 c. pour 1000 francs du capital assuré.		» 03	2 34
TOTAL. . . . . . . F.	78,000		207 12

POLICE D'ASSURANCE

SUR FORGES, HALLES ET DÉPENDANCES.

La Compagnie LE GLOBE assure contre l'Incendie, etc.

A M. MARCHAL, fils ainé, maître de forges, demeurant à Bellefontaine, arrondissement de Remiremont (Vosges), agissant pour son compte, la somme de cent soixante-treize mille francs, sur son établissement de forges, halles et dépendances, situé audit Bellefontaine. Ladite somme est répartie comme suit :

SAVOIR :	Somme assurée par CHAQUE ARTICLE.	Taux. DE PRIME pr 1000	Montant DE LA PRIME par article.
	fr.	fr. c.	fr. c.
1° *Vingt-cinq mille* francs sur une maison de maître, élevée sur caves, composée d'un rez-de-chaussée, d'un étage et d'un grenier, et sur ses dépendances...	25,000	» 30	7 50
2° *Sept mille* francs sur le mobilier renfermé dans ladite maison, savoir :			
Sur meubles et ustensiles de ménage............ 1,500 fr.			
Sur linge et effets d'habillement............... 3,000			
Sur glaces, pendules et ornemens................ 1,000	7,000	» 75	5 25
Sur bibliothèque........................... 1,000			
Sur provisions de ménage................... 500			
3° *Cinq mille* francs sur une maison pour le régisseur, composée d'un rez-de-chaussée et d'un grenier mansardé........................			
Les deux maisons ci-dessus sont situées isolément à une distance de vingt à vingt-cinq mètres de tout autre bâtiment....................	5,000	» 30	1 50
4° *Trois mille* francs sur une grande écurie voûtée avec grenier au-dessus..	3,000	1 »	3 »
5° *Cinq cents* francs sur fourrages, dans lesdits grenier et écurie........	500	1 25	» 62
6° *Quinze cents* francs sur quatre chevaux dans ladite écurie et sur leurs harnais, etc...........................	1,500	1 25	1 88
7° *Trente mille* francs sur trois hangars, les piliers et les cheminées pour le travail des forges, ainsi que sur une boutique de maréchal, attenant auxdits hangars............................	30,000	» 90	27 »
8° *Six mille* francs sur la machine soufflante, l'arbre de couche, la roue et accessoires du mécanisme, placés sous lesdits hangars............	6,000	1 50	9 »
9° *Vingt mille* francs sur la roue hydraulique et les engrenages faisant mouvoir les gros et petits cylindres finisseurs, également sous lesdits hangars........	20,000	1 50	30 »
10° *Six mille* francs sur le tour, la roue, l'arbre et les engrenages composant le tour à cylindre, sur le soufflet et tout le mobilier de la maréchalerie, le tout placé sous les hangars ci-dessous mentionnés................	6,000	1 50	9 »
11° *Six mille* francs sur un autre hangar couvrant la coulée près du haut fourneau, qui n'est pas compris dans la présente assurance............	6,000	1 50	9 »
12° *Deux mille* francs sur un petit bâtiment attenant audit hangar et servant de logement aux fondeurs.......................	2,000	» 60	1 20
13° *Douze mille* francs sur un bâtiment servant de logement aux ouvriers et			
A reporter.........	122,000		104 95

	Somme assurée par CHAQUE ARTICLE.	Taux DE PRIME par article.	Montant DE LA PRIME par article.
	fr.	f. c.	fr. c.
REPORT............	122,000		104 95
contenant rez-de-chaussée, un étage et greniers, situé à vingt mètres de distance de tout autre bâtiment...............................	12,000	» 50	6 »
14° *Dix mille* francs sur une grande halle à charbon, entièrement séparée dudit bâtiment..	10,000	4 »	40 »
15° *Vingt mille* francs sur charbon de bois, dans ladite halle, dont :			
Dix mille francs pour l'année..................	10,000	4 »	40 »
Six mille francs pour six mois, du premier mars au premier juin de chaque année...........................	6,000	3 »	18 »
Quatre mille francs pour trois mois, du premier janvier au premier juillet de chaque année...................	4,000	2 »	8 »
16° *Quatre mille* francs sur une petite halle à charbon, séparée de la précédente..	4,000	2 »	8 »
17° *Dix mille* francs sur charbon de terre, dans ladite halle............	10,000	2 »	20
18° *Deux mille* francs sur un grand bâtiment entièrement isolé........ composé de rez-de-chaussée et grenier, dans lequel sont déposés les modèles à mouler...	2,000	» 90	1 80
19° *Trois mille* francs sur lesdits modèles..................	3,000	1 50	4 50
Tous les bâtimens ci-dessus désignés sont construits en pierres et briques et couverts en tuiles et ardoises.			
Abonnement pour timbre et frais de répertoire, à raison de 3 c. pour 1000 francs du capital assuré...............................		» 03	5 20
TOTAL......... Fr.	173,000		256 45

POLICE D'ASSURANCE

SUR FILATURE DE COTON, RISQUES D'EXPLOSION DE CHAUDIÈRES ET GAZ COMPRIS.

La Compagnie LE GLOBE assure contre l'Incendie, etc.,

A MM. DURAND et Cie, filateurs de coton, demeurant à Lille (Nord),
agissant comme propriétaires,
la somme de cent vingt mille francs sur les bâtimens, mobilier industriel, marchandises et dépendances d'une Filature de coton, située audit Lille, rue de Roubaix, n° 10 ; cette somme est répartie comme suit :

SAVOIR :	Somme assurée par CHAQUE ARTICLE.	Taux DE PRIME p^r 1000.	Montant DE LA PRIME par article.
	fr.	fr. c.	fr. c.
1° *Dix mille* francs sur les bâtimens A, B communiquant ensemble et à usage de filature de coton et dépendances	10,000	7 »	70 »
2° *Cinquante-deux mille* francs sur le mobilier industriel et les marchandises renfermées dans lesdits bâtimens, et répartis comme suit :			
Sur vingt-quatre métiers, dont six en gros et dix-huit en fin, 25,000 fr.			
Sur cardes doubles et simples 8,000			
Sur deux étirages. 1,500			
Sur un batteur étaleur et ses accessoires. 1,000			
Sur six bancs à broches et vingt-quatre dévidoirs. 4,000			
Sur transmissions diverses, poulies et courroies. 4,500			
Sur accessoires divers, tels que tuyaux en fonte, en cuivre, robinets, machines à polir, à tourner et à réunir, pots, paniers, balances, quinquets et perches 3,000			
Sur cotons bruts et en fabrication. 5,000	52,000	7 »	364 »
3° *Six mille* francs sur le bâtiment désigné sous la lettre C, à usage d'habitation, magasins et bureaux.	6,000	2 80 2/3 de 7	16 80
Ce bâtiment est contigu à la filature ci-dessus, mais il en est séparé par un mur en pierres, s'élevant jusqu'au faîte et sans aucune ouverture			
4° *Trois mille* francs sur le mobilier personnel de l'assuré, existant ou pouvant exister dans le bâtiment (l'argenterie est comprise pour trois cents francs) . . .	3,000	2 80	8 40
5° *Dix mille* francs sur marchandises fabriquées, renfermées dans le bâtiment C.	10,000	2 80	28 »
6° *Trois mille* francs sur le bâtiment D, renfermant la machine à vapeur et les générateurs.	3,000	2 80	8 40
Ce bâtiment, qui est contigu à la filature, en est séparé par un mur en pierres, sans autres ouvertures que celles nécessaires à la transmission du mouvement.			
7° *Seize mille* francs sur la machine à vapeur de la force de seize chevaux et ses accessoires dans le bâtiment.	16,000	2 80	44 80
8° *Mille* francs sur le gazomètre complètement isolé (lettre E du tracé)	1,000	2 »	2 »
9° *Quatre mille* francs sur les ustensiles à faire le gaz dans ledit bâtiment, ainsi que les cloches en tô'e, épurateurs et lavoirs	4,000	2 »	8 »
10° *Cinq cents* francs sur le bâtiment F, atelier de réparations.	500	» 60	» 30
11° *Mille* francs sur machines et ustensiles dans le bâtiment F.	1,000	1 »	1 »
12° *Mille* francs sur les bâtimens G et H, magasins et écuries.	1,000	1 »	60 60
13° *Mille* francs sur chevaux et harnais dans l'écurie H.	1,000	1 »	1 »
14° *Deux mille cinq cents* francs sur coton brut et filé, dans le magasin G. . .	2,500	1 »	2 50
15° *Mille* francs sur le bâtiment I, habitation du contre-maître, remise, écurie et magasins.	1,000	» 60	» 60
16° *Mille* francs sur le mobilier du contre-maître, dans le bâtiment I.	1,000	1 »	1 »
17° *Mille* francs sur voiture et bascule, dans la remise du bâtiment I.	1,000	1 »	1 »
18° *Six mille* francs sur cotons bruts et déchets, dans le magasin dépendant du bâtiment I.	6,000	1 »	6 »
A reporter . . . . . . F.	120,000		564 40

8

	Somme assurée par CHAQUE ARTICLE. fr. c.	Taux DE PRIME p' 1000. fr. c.	Montant DE LA PRIME par article. fr. c.
Report.	120,000		564 40

Les assurés déclarent :
1° Que les bâtimens assurés sont construits en pierres ou briques, et couverts en tuiles ou ardoises.
2° Que les ateliers sont chauffés à la vapeur et éclairés au gaz.
 Toutes les sommes désignées ci-dessus sont garanties, *sans aucune augmentation de prime*, non seulement contre les risques d'incendie, mais encore contre tous bris et dégâts matériels qui pourront survenir aux objets assurés, par suite d'explosion de chaudière de la machine à vapeur, ou d'explosion de gaz servant à l'éclairage, même non suivies d'incendie, et ce, sans aucune dérogation aux conditions générales du présent contrat.
 Abonnement pour timbre et frais de répertoire, à raison de 3 c. pour 1000 francs du capital assuré. . . . .

| | | » 03 | 3 |
| Total. . . . . . . F. | 120,000 | | 567 40 |

TRACÉ ET LÉGENDE.

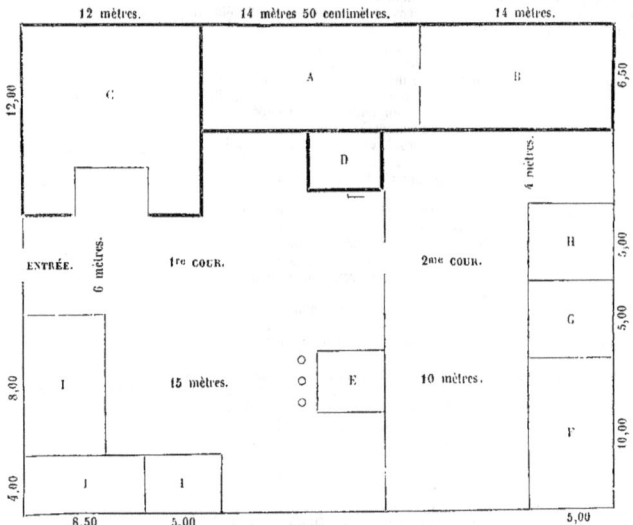

A et B. Filature de coton et dépendances.
C. Habitation, magasin et bureaux.
D. Machine à vapeur.
E. Gazomètre.
F. Ateliers de réparations.
G et H. Magasins et écuries.
I. Habitation du contre-maître, remise, écurie et magasins.

Les filets gras indiquent les gros murs.

N° 12.

POLICE D'ASSURANCE

SUR FILATURE DE LIN.

La Compagnie LE GLOBE assure contre l'incendie, etc.
A MM. JACQUART et Cie, filateurs de lin,
demeurant à Douai (Nord),
agissant pour leur compte;
la somme de quatre-vingt-quinze mille francs sur celle de quatre cent soixante-quinze mille francs, garantie sur un établissement de filature de lin et dépendances, situé place Saint-Vaast, audit Douai.

Cette somme est répartie comme suit :

SAVOIR :

	Somme assurée par CHAQUE ARTICLE.	Taux DE PRIME p. 1,000.	Montant DE LA PRIME par article.
	fr.	fr. c.	fr. c.
1° *Soixante mille* francs sur un bâtiment, lettre A du tracé à usage de filature de lin avec cardage et peignage *sous voûte*, élevé d'un rez-de-chaussée, de deux étages et grenier, construit en pierres et briques, couvert en ardoises.	60,000	7 50	450 »
2° *Deux cent vingt mille* francs sur le mobilier industriel renfermé dans ledit bâtiment, savoir :			
Sur deux cardes à étoupe, grande et petite, montées et garnies. 16,000 fr.			
Sur trois étaleurs doubles 6,000			
Sur deux étirages de six rubans chacun. 14,000			
Sur un banc à broches à étoupe . . . . , 9,000			
Sur deux bancs à broches de 60 broches chacun. 20,000			
Sur deux étirages à étoupe. 10,000	220,000	7 50	1.650 »
Sur vingt-cinq métiers à filer et à retordre 50,000			
Sur une turbine, agrès et accessoires. 12,000			
Sur l'appareil de chauffage à la vapeur, tuyaux, conduits et accessoires 15000			
Sur dévidoirs, bobines, brochettes, pots, boîtes, machines, pièces de rechange, transmissions de mouvemens, bancs, outils, ustensiles et objets quelconques composant le mobilier industriel de l'établissement. . . . . , ...			
3° *Cinquante mille* francs sur marchandises brutes, en préparation et confectionnées, existant ou pouvant exister dans le susdit bâtiment.	50,000	7 50	375 »
4° *Trois mille* francs sur le bâtiment B, construit en briques, couvert en ardoises, renfermant une machine à vapeur, en contiguité au bâtiment A, avec lequel il communique par une porte en fer.	3,000	7 50	22 50
5° *Trente mille* francs sur la machine et ses accessoires. . , ...	30,000	7 50	225 »
6° *Sept mille* francs sur le bâtiment C, à usage d'ateliers de métiers à filer au mouillé, séparé de ladite filature par une distance de quinze mètres, lequel est construit en pierres et briques, couvert en ardoises.	7,000	1 »	7 »
7° *Trente mille* francs sur marchandises brutes et en préparation dans ledit bâtiment.	30,000	1 »	30 »
A REPORTER. . . . . Fr.	400,000		2,759 50

	Somme assurée par CHAQUE ARTICLE.	Taux DE PRIME p' 1,000.	Montant DE LA PRIME par article.
	fr.	f. c.	fr. c.
REPORT.......... Fr.	400,000		2,759 50
8° *Cinq mille* francs sur le bâtiment D, servant de magasin de lin et d'étoupe, construit en pierres et briques et couvert en ardoises, séparé du bâtiment de la filature par une distance de dix mètres...................	5,000	1 50	7 50
9° *Vingt mille* francs, sur une chaudière existant ou pouvant exister dans ledit bâtiment....................................	20,000	1 50	30 »
10° *Cinquante mille* francs, pour garantie du recours des voisins, savoir : Pour garantie du recours des voisins de la filature décrite art. 1ᵉʳ, 40,000 fr.	40,000	1 87 1/2 1/4 de 7 50	75 »
Pour garantie du recours des voisins du bâtiment désigné art. 6. 5,000	5,000	» 25 1/4 de 1.	1 25
Pour garantie du recours des voisins du magasin désigné art. 8. 5,000	5,000	0 35 1/2 1/4 de 1 50	1 87
TOTAUX...,....... Fr.	475,000		2,875 12
Sur laquelle somme de *quatre cent soixante-quinze mille* francs, la Compagnie LE GLOBE assure un cinquième, soit......................	95,000		585 02
MM. JACQUART et Cⁱᵉ déclarent que ladite filature est chauffée à la vapeur et éclairée au gaz..................................... Ils déclarent, en outre, conformément à l'article 9 des conditions générales, avoir fait couvrir la somme restante de *trois cent quatre-vingt mille* francs, par les Compagnies ci-après, savoir : Par la Compagnie NATIONALE, deux cinquièmes, soit..... 190,000 fr. Par la Compagnie du PHÉNIX, un cinquième, soit...... 95,000 Par la Compagnie L'UNION, un cinquième, soit........ 95,000 Somme égale..... 380,000 Toutes les sommes désignées ci-dessus sont garanties, *sans aucune augmentation de prime*, non seulement contre les risques d'incendie, mais encore contre tous bris et dégâts matériels, qui pourront survenir aux objets assurés, par suite d'explosion de chaudières de la machine à vapeur, même non suivie d'incendie, et ce, sans aucune dérogation aux conditions générales du présent contrat. La présente police résilie ou remplace celle souscrite pour sept ans, sous le numéro 10, en date du 15 mai 1854. Par suite, MM. JACQUART et Cⁱᵉ ont droit au prorata de la prime qu'ils ont payée pour l'année courante ; en conséquence, il leur est tenu compte de 144 fr. 30 c., pour ristourne de trois mois sur la prime de la police remplacée et ils n'auront à payer que la somme de 432 fr. 96 c. pour la prime de la première année de la présente assurance. Abonnement pour timbre et frais de répertoire, à raison de 3 c. pour 1000 francs du capital assuré..................................		03	2 85
TOTAL.......... Fr.	95,000		587 87

POLICE D'ASSURANCE

SUR FABRIQUE DE SUCRE SANS RAFFINERIE.

La Compagnie LE GLOBE *assure contre l'Incendie*, etc.,
A M. CATEL (Victor), fabricant de sucre de betteraves, *demeurant* à Esquermes, arrondissement de Lille (Nord), *agissant* pour son compte comme locataire et propriétaire, *la somme* de cent dix mille francs sur une fabrique de sucre de betteraves, située à Esquermes, route de Loos, ainsi que sur les dépendances, le mobilier industriel et les marchandises de cet établissement.

Cette somme est répartie ainsi qu'il suit :	Somme assurée par CHAQUE ARTICLE.	Taux DE PRIME p^r 1,000.	Montant DE LA PRIME par article.
	fr.	fr. c.	fr. c.
1° *Trente mille* francs pour garantie de ses risques locatifs, portant sur un grand corps de bâtiment renfermant tous les appareils de la fabrication, lequel est élevé de deux étages sur caves et rez-de-chaussée, construit en briques et couvert en tuiles.	30,000		
2° *Six mille* francs sur une machine à vapeur à haute pression de la force de huit chevaux, y compris les ouvrages en maçonnerie qui y sont adhérens	6,000		
3° *Seize mille* francs sur trois générateurs.	16,000		
4° *Deux mille quatre cents* francs sur une râpe, avec bâtis en fonte.	2,400	4 »	350 »
5° *Neuf mille* francs sur trois presses hydrauliques.	9,000		
6° *Trois cents* francs sur une presse en bois.	300		
7° *Douze mille cinq cents* francs sur quatorze chaudières en cuivre rouge, dont trois à défequer, cinq à évaporer, deux de cuite avec leurs serpentins aussi en cuivre, renfermant la vapeur qui sert à les mettre en ébullition.	12,500		
8° *Trois mille huit cents* francs sur onze cents formes avec leurs pots.	3,800		
9° *Sept mille cinq cents* francs sur accessoires, tels que bacs et filtres en bois garnis de cuivre ; pompes en bois et en cuivre ; tuyaux en cuivre pour porter la vapeur des générateurs aux appareils ; claies en osier, sacs aux pulpes ; seaux, bidons, etc.	7,500		90 »
10° *Vingt-deux mille cinq cents* francs sur des marchandises fabriquées ou en cours de fabrication, qui existent ou pourront exister dans ladite sucrerie.	22,500	4 »	
M. Catel déclare qu'il n'existe pas de cristalliserie dans son établissement ; que la défécation, l'évaporation, ainsi que la cuite du sucre se fait à la vapeur et que les purgeries sont chauffées partie à la vapeur, partie à air chaud. Il déclare, de plus, qu'il ne raffine pas de sucre en pains, et il s'engage à ne pas en raffiner, sous peine de n'avoir droit, en cas de sinistre, à aucune indemnité. Toutes les sommes désignées ci-dessus sont garanties *sans augmentation de prime*, non seulement contre les risques d'incendie, mais encore contre tous bris et dégâts matériels qui pourront survenir aux objets assurés par suite d'explosion de chaudières de la machine à vapeur, même non suivie d'incendie, et ce, sans aucune dérogation aux conditions générales du présent contrat.			
Abonnement pour timbre et frais de répertoire, à raison de 3 c. pour 1,000 fr. du capital assuré.		» 03	3 30
TOTAL. . . . . F.	110,000		443 30

MODÈLE
N° 14.

POLICE D'ASSURANCE SUR RAFFINERIE DE SUCRE.

La Compagnie LE GLOBE assure contre l'Incendie, etc.

A MM. Delannoy et Cⁱᵉ, raffineurs de sucre, demeurant à Valenciennes, faubourg de Famars, *agissant* comme propriétaires,
la somme de cent mille francs dans celle de 532,000 francs portant sur les bâtimens, mobilier industriel, marchandises et dépendances de leur raffinerie de sucre, située audit Valenciennes, faubourg de Famars.

Cette somme est répartie comme suit;

SAVOIR :	Somme assurée par CHAQUE ARTICLE.	Taux DE PRIME pʳ 1,000.	Montant DE LA PRIME par article.
	fr.	fr. c.	fr. c.
1° *Cinquante-cinq mille* francs sur le bâtiment principal ayant rez-de-chaussée, six étages et grenier.	55,000		
2° *Cent trente mille* francs sur le matériel existant dans lesdits bâtimens, savoir :			
Trente mille francs sur les générateurs et la machine à vapeur, y compris les ouvrages de maçonnerie qui y adhèrent.	30,000	4 »	740 »
Cent mille francs sur tous les autres objets composant le dit mobilier industriel, et consistant notamment en appareil en cuivre dans le vide, chaudière, réservoirs, bois, monte-pains en fer, filtres, lits de pains, formes, réchauffoirs, rafraîchissoirs, tuyaux de vapeur, bascules et balances.	100,000		
3° *Cent mille* francs sur les marchandises fabriquées et en cours de fabrication dans ledit bâtiment (*droits compris*).	100,000	4 »	400 »
4° *Quarante-trois mille* francs sur un bâtiment servant de magasin, contigu à la raffinerie et y communiquant par des portes garnies en fer.	43,000	2 » 1/2 de 4	486 »
5° *Deux cent mille* francs sur marchandises brutes et fabriquées dans ledit bâtiment (*droits compris*).	200,000		
6° *Deux mille* francs sur un petit bâtiment séparé de ceux ci-dessus, par une distance de 10 mètres, ayant rez-de-chaussée et grenier, à l'usage d'écurie et renfermant quelques fourrages.	2,000	» 60	1 20
7° *Deux mille* francs sur un bâtiment servant d'habitation au portier, contigu à la raffinerie, mais séparé jusqu'au toit par un mur en pierres sans ouvertures.	2,000	1 60 2/5 de 4	3 20
TOTAL.	532,000		1,630 40
Sur laquelle somme la Compagnie assure *Cent mille* francs.	100,000		306 45

MM. Delannoy et Compⁱᵉ, déclarent :
1° Que la cuite et le chauffage sont entièrement à la vapeur,
2° Que tous les bâtiments sont construits en pierres et couverts en tuiles.
3° Qu'ils ont fait assurer sur les mêmes objets :
    150,000 fr. par la Compagnie NATIONALE.
    100,000 — par la Compagnie GÉNÉRALE.
    100,000 — par la Compagnie DU PHÉNIX.
    82,000 — par la Compagnie l'UNION.

Toutes les sommes désignées ci-dessus sont garanties *sans aucune augmentation de prime*, non-seulement contre les risques d'incendie, mais encore contre tous bris ou dégâts matériels qui pourront survenir aux objets assurés, par suite d'explosion de chaudières de la machine à vapeur, même non suivie d'incendie, et ce, sans aucune dérogation aux conditions générales du présent contrat.

Abonnement pour timbre et frais de répertoire, à raison de 3 c. pour 1,000 fr. du capital assuré. | | » 03 | 3 » |

TOTAL.	100,000		309 45

POLICE DE ROULAGE.

La Compagnie LE GLOBE assure contre l'incendie, etc.,

A M. Prudhomme (Anatole), commissionnaire de roulage, demeurant à Lyon, rue Pigalle, n° 10, agissant pour son compte et celui de qui il appartiendra, la somme de soixante mille francs sur toutes les marchandises qu'il expédiera par son roulage accéléré allant : 1° de Lyon à Valence ; 2° de Lyon à Tarare, et vice versâ.

M. Prudhomme déclare : 1° que le roulage de Lyon à Valence se compose de deux voitures par jour, du poids de 3 à 4,000 kilogrammes chacune, partant à la fois de chacune desdites villes, et restant, terme moyen, deux jours en route ;
2° que le départ journalier de Lyon à Tarare consiste en une seule voiture du poids ci-dessus et restant un jour en route.

Il résulte de ces déclarations qu'il y a continuellement en cours sur les deux routes dix voitures sur chacune desquelles l'assurance est de six mille francs, soit en totalité soixante mille francs. . . . .

	Somme assurée par CHAQUE ARTICLE.	Taux DE PRIME p' 1000.	Montant DE LA PRIME par article.	
	fr.	fr. c.	fr.	c.
	60,000	2	120	»

Conditions spéciales.

Art. 1er. La Compagnie ne répond pas des dommages d'incendie qui pourraient résulter du transport de la poudre à tirer et des allumettes chimiques, phosphoriques ou autres.

Art. 2. Les marchandises expédiées ne seront garanties par l'Assurance qu'autant qu'elles auront été, au moment de leur expédition, portées à leur ordre de date sur les registres de l'assuré.

Art. 3. La Compagnie garantit lesdites marchandises sur voitures depuis l'instant de leur sortie des magasins de l'assuré ou de ceux où il les aurait envoyé charger, jusqu'au moment de leur arrivée à leur destination ; elle les garantit, lors même qu'intermédiairement elles stationneraient dans des magasins ou cours, soit en route, soit au lieu du chargement ; mais cette garantie cessera pour chaque expédition immédiatement après le terme fixé plus haut pour chaque transport, sauf les cas de force majeure.

Art. 4. La Compagnie garantit aussi les dites marchandises lors même qu'elles se trouveraient, déchargées ou non, à bord de bacs ou bateaux, suivant les dispositions des lieux, ou qu'elles seraient rechargées en route sur toutes autres voitures, pourvu que la durée du temps de route n'excède pas les délais fixés ci-dessus.

Art. 5. En cas d'incendie, il sera, aux soins et diligences du voiturier, de l'assuré ou de ses correspondans dressé procès-verbal des pertes, en y annexant les lettres de voiture en originaux ou copies.

Art. 6. L'assuré est tenu : 1° de prévenir la Compagnie du sinistre, au moment où il en reçoit connaissance ; 2° de lui remettre un état, aussi détaillé que possible, des marchandises chargées sur la voiture atteinte par le feu, en indiquant les noms et demeures des propriétaires ; 3° de lui adresser les réclamations qui lui seront faites par les ayant-droit, pour les pertes occasionnées par l'incendie ; 4° et enfin, de lui fournir, conformément à l'art. 15 des conditions générales, tous autres documens et renseignemens en son pouvoir.

Art. 7. La Compagnie, dérogeant à l'art. 18 des conditions générales, remboursera les dommages jusqu'à concurrence de Six mille francs sur chaque voiture ; mais ledit art. 18 ressortira son plein et entier effet, et le dommage sera réglé au prorata du nombre de voitures en cours, au moment du sinistre, si ce nombre excédait celui déclaré ci-dessus.

Art. 8. Il est bien entendu que les marchandises ne sont assurées que pour le cas où M. Prudhomme serait reconnu responsable vis-à-vis de ses commettans, l'assurance ne pouvant lui profiter personnellement que pour les objets qu'il justifierait être sa propriété.

Abonnement pour timbre et frais de répertoire, à raison de 3 c. pour 1,000 fr. du capital assuré. . . . .

		»	1	80
Total. . . . , ... F.	60,000		121	80

MODÈLE N° 16.

POLICE D'ASSURANCE

SUR UNE SALLE DE SPECTACLE.

La Compagnie LE GLOBE assure contre l'Incendie, etc.,

A M. LEFEBVRE (Auguste),

demeurant à Arles (Bouches-du-Rhône),

agissant comme propriétaire,

la somme de cent cinquante mille francs sur la salle de spectacle de ladite ville et sur son contenu.

Cette somme est répartie ainsi qu'il suit ;

SAVOIR :	Somme assurée par CHAQUE ARTICLE.	Taux DE PRIME p' 1,000.	Montant DE LA PRIME par article.	
	fr.	fr. c.	fr.	c.
1° *Cent vingt mille* francs sur les constructions composant la salle et le théâtre, les machines fixes, appareils et tous objets, immeubles par destination ; ladite salle est construite en pierres et moellons et couverte en tuiles.	120,000			
2° *Trente mille* francs sur machines, décorations, costumes, bibliothèque, musique, intrumens, accessoires de toute nature et généralement sur tout le mobilier existant dans ladite salle.	30,000	5 »	750	»
La prime ci-dessus étant basée sur le nombre de *quatre-vingt-dix représentations* bals ou concerts, il est convenu que si ce nombre était dépassé, la responsabilité de la Compagnie cesserait pour l'année en cours. Toutefois la ville aura la faculté en payant, avant la quatre-vingt-onzième représentation, un supplément de prime de un pour mille de donner jusqu'à *cent vingt représentations*.				
La Compagnie jouira d'une franchise d'avarie fixée à *un pour cent* du capital assuré par elle sur les décorations et objets mobiliers ; ainsi, en cas d'incendie, si le dommage ne s'élève pas au-delà de trois cents francs, elle n'aura rien à rembourser, et si le dommage excède ladite somme, elle le paiera, mais sous la déduction de trois cents francs.				
Moyennant la prime ci-dessus, la Compagnie renonce, sans exiger aucun supplément de prime, à tout recours contre les Directeurs exploitans.				
L'assuré s'oblige, sous peine de n'avoir droit, en cas de sinistre, à aucune indemnité : 1° à tenir toujours remplis d'eau les réservoirs qui existent dans ledit théâtre et à conserver en bon état les pompes et appareils de secours qui s'y trouvent; 2° à faire veiller à la sûreté de la salle un gardien qui sera tenu de faire une ronde chaque soir et immédiatement après les représentations ; 3° à ne permettre aucune représentation ou répétition générale, aucuns bals ou concerts sans la présence d'un poste de pompiers.				
L'agent général de la Compagnie, à Arles, ainsi que les directeurs et inspecteurs passant par la dite ville, pourront s'assurer que toutes les précautions sont prises pour prévenir les dangers du feu. En conséquence, ils auront leurs entrées dans la salle et sur le théâtre, avant, pendant et après les représentations, toutes les fois qu'ils le demanderont.				
Abonnement pour timbre et frais de répertoire, à raison de 3 c. pour 1,000 fr. du capital assuré.	»	» 03	4	50
TOTAL. . . . . F.	150,000		754	50

POLICE D'ASSURANCE SUR BOIS ET FORÊTS.

La Compagnie LE GLOBE, assure contre l'incendie, etc.
A M. Dunois (Philippe-Louis), propriétaire,
demeurant à Châtillon-sur-Loire, arrondissement de Gien, département du Loiret,
agissant pour le compte et comme mandataire de M. le baron de JOUSSELIN, pour lequel il se porte fort,
la somme de soixante-sept mille cinq cent francs sur les objets ci-après désignés :

SAVOIR :	Somme assurée par CHAQUE ARTICLE.	Taux DE PRIME pr 1,000.	Montant DE LA PRIME par article.
	fr.	fr. c.	fr. c.
Sur cent cinquante hectares de bois taillis, appelé le bois de Sommeraux, sans essences résineuses, aménagé à dix-huit ans, et situé sur la commune de Saint-Brisson, canton et arrondissement de Gien, département du Loiret, cette somme représentant une valeur moyenne de *cinquante* francs la feuille (1).	67,500	» 50	33 75
Abonnement pour timbre et frais de répertoire, à raison de 3 c. pour 1000 francs du capital assuré		» 03	2 02
TOTAL	67,500		33 77

(1) La valeur de la feuille (ou croissance annuelle) étant de 50 fr. par hectare, est de 7,500 pour 150 hectares. Cette dernière somme se multiplie par l'âge moyen qui est de 9, dans un aménagement de 18 ans, pour obtenir la somme assurée de 67,500 fr.

La Compagnie LE GLOBE assure contre l'incendie, etc.
A M. REVEL (Stanislas), propriétaire,
demeurant à Lannion, département des Côtes-du-Nord,
agissant pour son compte, comme propriétaire,
la somme de quatre cent mille francs sur les objets ci-après désignés :

SAVOIR :	Somme assurée par CHAQUE ARTICLE	Taux DE PRIME pr 1000.	Montant DE LA PRIME par article.
	fr.	fr. c.	fr. c.
1° *Deux cent mille* francs sur environ deux cent cinquante hectares de bois futaies, au-dessus de *vingt-cinq ans*, d'essences diverses non résineuses, formant une seule pièce, appelée forêt de Coat-au-Nos, coupée par des chemins, et située sur les communes de Belle-Isle en terre et de Lonargat, arrondissement de Guingamp, département des Côtes-du-Nord.	200,000	» 30	60 »
2° *Deux cent mille* francs sur environ deux cent vingt hectares de bois futaie, au-dessus de *vingt-cinq ans*, dont la vingtième partie environ est d'essence résineuse, formant deux pièces contiguës, coupées par un fossé, appelées forêt de Coat-au-Hai, situées sur les mêmes communes de Belle-Isle-en-terre et de Lonargat. . . .	200,000	» 30	60 »
L'assurance est faite sans participation, pour une période de six années, moyennant une prime annuelle de *cent vingt* francs.			
L'assuré ayant payé comptant entre mes mains la somme de *six cents francs*, montant égal à *cinq années de primes*, plus *soixante-douze francs pour six années de droit de timbre*, il lui est fait remise de la prime de sixième année, à titre d'escompte, sans que ce paiement anticipé puisse donner lieu à aucune restitution, lors même que la présente assurance viendrait à cesser son effet avant l'expiration de la présente police.			
Abonnement pour timbre et frais de répertoire, à raison de 03 c. pour 1000 francs du capital assuré.		» 03	12 »
TOTAL.	400,000		132 »

MODÈLE
N° 19.
—

POLICE D'ASSURANCE SPÉCIALE CONTRE L'EXPLOSION DE CHAUDIÈRES.

La Compagnie LE GLOBE *assure à M.* Guyon (Louis-Michel), fabricant de bronzes, *demeurant* à Belleville (Seine), rue de la Vierge, n° 4.
agissant pour son compte, comme propriétaire,
la somme de quarante-cinq mille francs, sur les objets ci-après désignés,

SAVOIR :

	Somme assurée par CHAQUE ARTICLE.	Taux DE PRIME p^r 1,0:0.	Montant DE LA PRIME par article.
	fr.	fr. c.	fr. c.
1° *Dix mille* francs sur un bâtiment à usage d'atelier et de fabrique de bronzes, construit en pierres, moellons et pans de bois, couvert en zinc, et situé à Belleville, rue de la Vierge, N° 4.	10,000	0 15	1 50
2° *Quinze mille* francs sur une machine à vapeur, chaudière, fourneaux, transmissions de mouvemens et accessoires dans ledit bâtiment	15,000	0 30	4 50
3° *Dix mille* francs sur marchandises confectionnées et en confection, existant ou pouvant exister dans ledit bâtiment.	10,000	0 25	2 50
4° *Dix mille* francs sur outils, ustensiles, moules, et en général, sur tous les objets composant le mobilier industriel renfermé dans ledit bâtiment.	10,000	0 25	2 50
Les sommes désignées ci-dessus ne sont point garanties contre les risques d'incendie, mais seulement contre les bris et dégâts matériels qui pourront survenir aux objets assurés, par suite d'explosion de chaudière de la machine à vapeur, non suivie d'incendie.			
Abonnement pour timbre et frais de répertoire, à raison de 3 c. pour 1000 francs du capital assuré		0 03	1 35
TOTAL. . . . . . . F.	45,000		12 35

MODÈLE
N° 20.
—

POLICE D'ASSURANCE SPÉCIALE CONTRE L'EXPLOSION DU GAZ.

La Compagnie LE GLOBE *assure à M.* Bocquet (Charles), limonadier, *demeurant* à Paris, boulevard Saint-Denis, n° 24,
agissant pour son compte et comme locataire,
la somme de quatre-vingt-deux mille francs ;

SAVOIR :

	Somme assurée par CHAQUE ARTICLE.	Taux DE PRIME p^r 1,000.	Montant DE LA PRIME par article.
	fr.	fr. c.	fr. c.
1° *Dix mille* francs sur tables, glaces, porcelaines, comptoir, appareils d'éclairage et tous autres objets industriels de son établissement	10,000	» 07 1/2	» 75
2° *Dix mille* francs sur toutes les provisions existant ou pouvant exister, soit dans les caves, soit dans ledit établissement, ...	10,000	» 07 1/2	» 75
3° *Deux mille* francs sur la devanture en glaces de son établissement. . . .	2,000	» 10	» 25
4° *Trente mille* francs, pour garantie de son risque locatif dans ladite maison. .	30,000	» 05	1 50
5° *Trente mille* francs, pour la garantie du recours des voisins.	30,000	» 05	1 50
Les sommes désignées ci-dessus ne sont point garanties contre les risques d'incendie, mais seulement contre les bris et dégâts matériels qui pourront survenir aux objets assurés, par suite d'explosion du gaz servant à l'éclairage, non suivie d'incendie.			
Abonnement pour timbre et frais de répertoire, à raison de 3 c. pour 1,000 francs du capital assuré.		» 03	2 45
TOTAL. . . . . . . F.	82.000		7 15

POLICES D'ASSURANCES.

Formules diverses à y insérer.

1.)
bâtiment élevé
d'autrui.

M. A...... déclare que le terrain sur lequel est élevé le bâtiment assuré appartient à M. B......, de qui il l'a loué, suivant bail expirant le   . En conséquence, il est expressément convenu qu'en cas d'incendie partiel ou total, l'indemnité due par la Compagnie sera employée entièrement à la réparation ou reconstruction, sur le même terrain, du bâtiment incendié et ne sera payée qu'au fur et à mesure de l'exécution des travaux. Faute par l'assuré de réparer ou reconstruire sur le même emplacement, l'indemnité sera réduite à la valeur qu'auraient eue, en cas de démolition, les matériaux détruits.

2.)
e l'assuré à
assurance.

M. A...... déclare que les risques ci-dessus désignés ont été assurés par la Compagnie de   (ou par la Société mutuelle de   ) suivant police en date du   expirant le   , mais qu'il renonce au bénéfice de cette assurance, tout en restant obligé à en supporter les charges jusqu'à son terme. En conséquence, il est convenu que la Compagnie LE GLOBE est, à l'égard de M. A......, qui la subroge dans tous ses droits et actions contre ladite Compagnie (ou Société mutuelle), seul assureur desdits risques et qu'elle demeure complètement étrangère à toute répétition qui pourrait être faite par ladite Compagnie (ou Société mutuelle).

3.)
remise à titre
etc.

La quatrième page de la Police doit être libellée comme suit :

L'assurance est faite pour *six années*, à partir de demain, à midi, moyennant la prime détaillée ci-dessus, faisant la somme annuelle de *douze francs*.

La Compagnie faisant remise de la prime de la sixième année, à titre d'escompte, reconnaît avoir reçu comptant *soixante francs* pour toute la durée de l'assurance, plus pour droit de six années de timbre..... et *quatre francs* pour le coût de la Police et prix de la Plaque.

4.)
vers à soie.

Lorsqu'une Police comprend une certaine somme assurée sur des vers à soie, on y annexe les conditions suivantes, en forme d'avenant :

Il est convenu, par clause expresse, et sans dérogation à aucune des conditions générales de la Police, qu'en cas d'incendie pendant le temps où l'on élève les vers à soie, l'indemnité à accorder pour cette récolte ne pourra excéder les proportions suivantes :
1º *Un dixième* de la somme assurée, de la première à la troisième mue ;
2º *Un quart* de la somme assurée, de la deuxième à la troisième mue ;
3º *Trois huitièmes* de la somme assurée, de la troisième à la quatrième mue ;
4º *Moitié* de la somme assurée, de la quatrième mue à la montée ;
5º *Quatre cinquièmes* de la somme assurée, lorsque les cocons auront été formés depuis deux jours au moins ;
6º Enfin, la totalité de la somme assurée, lorsque les cocons auront été enlevés de la bruyère, la chrysalide étouffée ou non.

MODÈLES D'AVENANS.

(N° 1.)
Transport des objets assurés d'un lieu dans un autre.

M.　　　　　　déclare à la Compagnie qu'il a transporté les objets garantis par les articles　　　　de la police n°　　en date du　　　　　　, de la rue　　　　　　dans une maison sise rue　　　　　　au　　étage.

Il déclare en outre que ladite maison est construite en pierres et moellons, couverte en tuiles ou ardoises, et qu'on n'y exerce aucune profession dangereuse.

La Compagnie donne acte à M　　　　　　de sa déclaration, et attendu qu'il n'en résulte pas d'aggravation de risque, elle consent à continuer l'assurance dans le nouveau local qu'il occupe, à la charge par lui d'exécuter les clauses et conditions de la Police n° sus-énoncée.

Le présent acte n° 1 restera annexé à la Police primitive pour ne faire qu'un seul et même contrat, et servir, conjointement avec elle, à régler les droits respectifs des parties.

Fait triple à　　　　　　, le

(N° 2.)
Déplacement partiel des objets assurés.

M.　　　　　　déclare : 1° qu'il a transporté le mobilier assuré par l article　　　　de la police　　　　dans une maison située à　　　　　　, laquelle est construite en pierres et couverte en tuiles ou ardoises et ne renferme ni profession ni marchandises augmentant les risques ; 2° qu'il a laissé les marchandises assurées par l article　　　　dans le bâtiment primitivement désigné.

La Compagnie donne acte à l'assuré de cette déclaration et consent à maintenir l'assurance ainsi répartie dans les localités susdites.

(N° 3.)
Changement dans les distributions ou localités.

M.　　　　　　, assuré suivant la police du　　　　　　, n°　　, déclare qu'il a fait démolir une aile du bâtiment assuré par l'article　　de ladite Police, et qu'il l'a fait remplacer par un cellier et par une remise construits en pierres ou moellons et couverts en tuiles.

La Compagnie lui donne acte de cette déclaration ; et, attendu que les nouvelles constructions n'aggravent pas les risques, et qu'elles sont de même valeur (1) que celles qui existaient antérieurement, il est convenu que la police continuera son effet sans autre changement.

(1) Si la valeur était augmentée ou diminuée, il faudrait faire une nouvelle Police.

(N° 4.)
Transport des objets assurés avec augmentation de risques.

M.　　　　　　déclare qu'il a transporté les objets assurés par la police du　　　　　　, n°　　, à　　　　　rue　　　　　, n°　　, au　　　étage ; que ledit bâtiment est construit en moellons et couvert en tuiles, et qu'on y exerce la profession de filateur de laine.

La Compagnie lui donne acte de cette déclaration, et consent à continuer l'assurance dans la susdite localité moyennant un supplément de prime de　　　　　sur le capital assuré de　　　　　francs.

En conséquence, la prime annuelle qu'aura à payer M.　　　　　　est portée à　　　　　　et le supplément de la prime fractionnaire applicable au temps restant à courir de l'année d'assurance en cours, s'élève à　　(1).

(1) Pour faire concorder l'échéance des primes avec les échéances stipulées dans la police primitive, la prime au comptant est fixée au prorata du nombre de jours restant de l'année d'assurance en cours.

5.)   M.   ayant déclaré qu'il a fait couvrir en ardoises le bâtiment précé-
montant de la   demment couvert en chaume, assuré pour   francs, par l'article   de la
e.   Police   n°   , la Compagnie consent à réduire le taux de la prime sur
cet article de   *pour mille* à   . En conséquence, le montant des primes
à échoir est réduit à

NOTA. Dans ce cas, il ne doit être rien ristourné sur la prime de l'année courante.

6.)   Par la Police du   , n°   , la Compagnie a assuré à
assurance en   M.   une somme de
e partiel de   sur
rtance.   Un sinistre survenu le   sur lesdits objets, ayant obligé la
Compagnie au paiement d'une indemnité de F.   , il est convenu que l'assurance
est diminuée d'autant et réduite à la somme de F.   pendant le temps restant de
l'année courante.

7.)   M.   déclare qu'il a transporté les objets assurés par la police du
jets assurés   , n°   , dans une maison de simple habitation située à
ion de ris-   , que cette maison est construite en pierres et couverte en tuiles et qu'il n'y
existe aucune profession ni marchandises augmentant les risques.
La Compagnie lui donne acte de cette déclaration et consent à continuer l'assurance dans
la localité susdite et à réduire à   la prime du mobilier assuré par
l'article   (pour   à   ) et à   la prime du risque locatif assuré
par l'article   (pour   à   ).
En conséquence, la prime annuelle qui était de   (droit de timbre
compris) est réduite à   pour chacune des années suivantes.

8.)   M.   déclare qu'il a surélevé d'un étage le bâtiment assuré par la police
du montant   du   , n°   , et qu'il a augmenté l'importance de son mobilier. En consé-
ance.   quence, il demeure convenu ce qui suit :

	CAPITAUX.	TAUX de PRIME.	PRIMES.	
La somme de 15,000 fr. assurée par l'article 1er sur maison, est portée à *vingt mille francs*.	20,000	» 30	6	»
La somme de 8,000 fr. assurée par l'article 2 sur mobilier, est portée à *dix mille francs*.	10,000	» 75	7	50
La somme de 10,000 fr. assurée par l'article 3, pour recours des voisins, reste la même.	10,000	» 20	2	»
Droit de timbre et frais de répertoire sur 40,000 fr.		» 03	1	20
Ensemble.	40,000		16	70

Ainsi la somme assurée est élevée à *quarante mille francs*, et la prime annuelle à *seize francs soixante-dix centimes* que l'assuré s'oblige à payer le   de chaque année.
La Compagnie reconnaît avoir reçu   pour prime supplémentaire
de l'année courante (six mois).

(N° 9.)
Augmentation du montant de l'assurance et du taux de la prime.

M.   déclare qu'attenant à la maison assuré par l'article   , il a fait bâtir une grange construite en briques, couverte en chaume, qu'il désire comprendre dans l'assurance.

En conséquence, il demeure convenu ce qui suit :

	CAPITAUX.	TAUX de PRIME.	PRIMES.	
La Compagnie assure sur ladite grange, une somme de *trois mille francs*...............	3,000	3 »	9	»
La prime de la maison assurée *neuf mille francs* par ladite police, est portée à 1 fr. 20 cent. (2/5 de 3)................	9,000	1 20	10	80
Droit de timbre et frais de répertoire sur 12,000 fr.........		» 03	»	35
Ensemble..........	12,000		20	15

Ainsi la somme assurée est élevée à *douze mille francs*, et la prime annuelle à *vingt francs quinze centimes* que M.   s'oblige à payer le   de chaque année.

La Compagnie reconnaît avoir reçu   pour prime supplémentaire de l'année courante (huit mois).

(N° 10.)
Réduction du montant de l'assurance.

M.   déclare qu'il a diminué l'importance de son commerce et qu il a vendu une partie de son mobilier. En conséquence, il demeure convenu ce qui suit :

	CAPITAUX.	TAUX de PRIME.	PRIMES.	
La somme de 30,000 fr. assurée sur marchandises, par l'article 1er, est réduite à *dix mille francs*................	10,000	» 75	7	50
La somme de 10,000 fr. assurée sur le mobilier, par l'article 2, est réduite à *cinq mille francs* (1)	5.000	» 75	3	75
La somme de 30,000 fr. assurée par l'article 3, sur risque locatif, reste la même..................	30,000	» 20	6	»
Droit de timbre et frais de répertoire sur 45,000 fr.........		» 03	1	35
Ensemble..........	45,000		18	60

Ainsi le capital assuré est réduit à *quarante-cinq mille francs*, et la prime annuelle à *dix-huit francs soixante centimes* que l'assuré s'oblige à payer le   de chaque année.

(1) La réduction des art. 1 et 2 devra être portée sur un bordereau d'annulations.

(N° 11.)
Réduction de l'assurance après sinistre.

Un sinistre survenu le   , ayant détruit la grange et les récoltes assurées pour 10,000 francs par les articles 5 et 6 de la Police du   n°   , il est convenu que l'assurance consentie par lesdits articles est et demeure résiliée à partir de ce jour.

En conséquence, la somme assurée par ladite Police, qui était de 39,300 francs n'est plus que de *vingt-neuf mille trois cents francs*, et la prime annuelle est réduite à *quatre-vingt-douze francs cinquante centimes* (timbre compris) pour chacune des années à venir.

12.)
s le taux de la changement de

M.   ayant déclaré qu'il a fait couvrir en ardoises l'étable précédemment couverte en chaume et tuiles, assurée ainsi que les porcs y renfermés, pour la somme de 2,000 francs, par les articles 13 et 14 de la Police du   n°   , la Compagnie consent à réduire à 1 p. 1,000 le taux de la prime fixée précédemment à 2 fr. 25 c.

En conséquence, le montant de la prime annuelle qui est de 92 francs 50 centimes est réduit à *quatre-vingt-onze francs* pour chacune des années à venir.

13.)
s primes d'un industriel par ent de chauffage.

M.   ayant déclaré que sa filature de coton est actuellement chauffée à la vapeur et éclairée au gaz, la Compagnie consent à réduire à 7 p. 1,000 le taux de la prime fixée précédemment à 9 p. 1,000, sur un capital de 70,000 francs.

En conséquence, le montant de la prime annuelle, qui était de 632 francs 50 centimes (timbre compris) est réduite à *quatre cent quatre-vingt-douze francs dix centimes* pour chacune des années restant à courir.

La Compagnie a remboursé à M.   , qui le reconnaît, la somme de *soixante-dix francs* sur la dernière prime payée pour le temps restant à courir.

14.)
es primes mal en augmentation-éduction.

Les objets désignés aux articles   de la Police du   , n°   , ayant été assurés à une prime insuffisante, à raison de la profession de pharmacien exercée dans la maison y désignée, il est convenu que la prime du bâtiment assurée par l'article 1er (pour 10,000 à 30 c.) est portée à 40 c. et que la prime du mobilier assuré par l'article 2 (pour 4,000 à 75 c.) est portée à 90 c.

En conséquence, la prime est élevée à *neuf francs quarante-cinq centimes* que M.   s'oblige à payer le   de chaque année.

La Compagnie reconnaît avoir reçu   pour prime supplémentaire de l'année courante.

15.)
des primes par suite de on du nombre meules.

Conformément aux dispositions de l'article 8 des conditions générales, M.   déclare qu'il vient d'établir une cinquième paire de meules dans le moulin garanti par la Police du   , n°   .

La Compagnie lui donne acte de sa déclaration et consent à comprendre cette cinquième paire de meules dans la somme assurée sur la prisée dudit moulin, et à continuer l'assurance moyennant une prime supplémentaire de cinquante centimes sur le capital de 42,500 francs assuré par les articles 1, 2 et 3 de ladite Police.

En conséquence, la prime annuelle qui était de 197 francs 25 centimes (timbre compris) est portée à *deux cent dix-huit francs cinquante centimes* que l'assuré s'oblige à payer le   de chaque année.

La Compagnie reconnaît avoir reçu la somme de   pour prime supplémentaire de l'année courante.

16.)
des risques sement d'une agereuse dans contigué.

Aux termes des conditions de l'article 8 des conditions générales de la police du   n°   , M.   déclare que la maison contiguë à celle assurée par la Police sus-relatée, il a été établi une filature de coton. La Compagnie lui donne acte de cette déclaration, et consent à continuer l'assurance moyennant un supplément de prime de 2 fr. 80 c. pour 1,000 sur le capital assuré de 60,000 francs.

En conséquence, la prime annuelle qu'aura à payer M.   est portée à *cent cinquante-six francs*, et le supplément de la prime fractionnaire applicable au temps restant à courir de l'année d'assurance en cours, s'élève à *soixante-dix-huit francs* (six mois) que la Compagnie reconnaît avoir reçus comptant.

(N° 12.)
Augmentation de prime par suite de l'aggravation du risque de voisinage.

Pour se conformer à l'article 9 des conditions générales, M.   déclare que le propriétaire voisin vient d'élever, attenant à la maison garantie par la police du   , n°   , une grange construite en brique et couverte en chaume.

La Compagnie lui donne acte de cette déclaration et consent à continuer l'assurance en portant à 1 fr. 20 c. la prime de la maison assurée (pour 10,000, à 30 c.).

En conséquence, la prime annuelle qui était de 3 fr. 30 c. (timbre compris) est portée à *douze francs trente centimes* que l'assuré s'oblige à payer le   de chaque année.

La compagnie reconnaît avoir reçu   pour prime supplémentaire de l'année courante (neuf mois).

Nota. La grange dont la construction est déclarée, étant passible de la prime de 3 p. 1000, la maison contiguë doit payer les deux cinquièmes de 3 fr., soit 1 fr. 20 c.

(N° 13.)
Augmentation d'une partie du risque et diminution d'une autre.
(*V. modèle de police n° 5*).

M.   déclare que, par suite des changemens qu'il a apportés à son exploitation, il désire modifier deux articles de la police du   n°   .
La Compagnie adhérant à cette demande, il a été convenu ce qui suit :

	CAPITAUX.	TAUX de PRIME.		PRIMES.	
1° Le bâtiment désigné en l'article 1er, ayant été agrandi, la somme assurée est portée à *cinq mille francs*............	5,000	»	30	1	50
2° Le mobilier personnel assuré par l'article 2, est porté à *trois mille francs*........................	3,000	»	75	2	25
3° La grange désignée en l'article 3, ayant été démolie, n'est plus comprise dans l'assurance.					
4° Les récoltes assurées par l'article 4, n'existent plus.					
5° La grange désignée en l'article 5, ayant été couverte en tuiles, la somme assurée est portée à *huit mille francs* et le taux de la prime réduit à 1 fr........................	8,000	1	»	8	»
6° La prime des récoltes désignées en l'article 6, est réduite, par suite du changement de couverture de la grange, à 1 fr. 25 c.	4,000	1	25	5	»
7° La somme assurée sur la bergerie n° 7, reste la même; mais la prime est réduite à 1 fr........................	2,000	1	»	2	»
8° La somme assurée par l'article 8, est portée à *quatre mille francs* et comprend, outre les moutons, des bestiaux de toute espèce.	4,000	1	»	4	»
Les articles portés à la police sous les n°° 9, 10, 11, 12, 13, 14, 15 et 16, ne subissent aucun changement............	18,800			71	10
Droit de timbre et frais de répertoire sur 44,800 fr.........				1	35
Ensemble.........	44,800			95	20

En conséquence, la somme assurée est élevée à *quarante-quatre mille huit cents francs*, et la prime est réduite à *quatre-vingt-quinze francs vingt centimes* que M.   s'oblige à payer le   de chaque année.

— 78 —

19.)
de risques par
n de marchan-
leuses.

M.   déclare que le rez-de-chaussée de la maison dans laquelle se trouve son mobilier assuré par la Police du   , n°   , est maintenant à usage de magasin de goudron. La Compagnie lui donne acte de cette déclaration et consent à continuer l'assurance moyennant un supplément de prime de 50 centimes pour 1,000 sur le capital assuré de 20,000 fr. à 75 c. pour 1,000.
En conséquence, la prime annuelle qu'aura à payer M.   est portée à *vingt-cinq francs* et le supplément de la prime fractionnaire applicable au temps restant à courir de l'année d'assurance en cours, s'élève à   que la Compagnie reconnaît avoir reçus comptant.

20.)
propriété par
nte, échan-

M.   déclare à la Compagnie que les objets garantis par la Police n°   , en date du   et compris sous les divers articles de ladite Police, sont devenus la propriété de M.   par suite de vente (échange, etc.), et demande que ledit sieur   soit subrogé par la Compagnie à tous ses droits et actions en raison de la Police précitée.
La Compagnie donne acte à M.   de sa déclaration, et consent, au profit de M.   , sus-nommé, qui l'accepte, la subrogation demandée.
En conséquence, elle reconnaît M.   comme dégagé de son contrat, et M.   comme à lui subrogé dans tous les droits qui lui sont garantis par ladite Police n°   , à charge par lui de remplir les conditions qui y sont stipulées.
Le présent acte restera annexé à la Police primitive pour ne faire qu'un seul et même contrat, et servir, conjointement avec elle, à régler les droits respectifs des parties.

NOTA. Lorsque la mutation ne porte que sur une partie de la police, il faut constater les changemens par de nouvelles polices.

21.)
propriété par
s.

M.   , propriétaire, demeurant à   , ayant justifié que par suite du décès de M.   , son oncle, il est devenu seul propriétaire des objets assurés à ce dernier par la Compagnie LE GLOBE, suivant Police du   , n°   , il demeure convenu que la Police sus-énoncée aura désormais son plein et entier effet, au nom et profit de M.   , lequel accepte toutes les clauses et conditions de la Police, et s'engage à payer les primes stipulées, comme s'il s'y était personnellement engagé.

22.)
propriété par
olution de so-
iangement de

Pour se conformer aux dispositions de l'article 7 des conditions générales de la Police n°   , par eux souscrite le   , MM.   déclarent que la société formée entre eux sous la raison sociale   vient d'être dissoute, et que tous les objets assurés par la police sus-énoncée sont maintenant la propriété de M.   seul.
La Compagnie leur donne acte de cette déclaration, et, par suite, il demeure convenu que la Police susdite aura désormais son plein et entier effet, au nom et profit de M.   qui prend l'engagement de se conformer à toutes les clauses et conditions générales et particulières de la Police, et à payer les primes annuelles qui y sont stipulées.

23.)
on d'une so-

M.   assuré suivant Police du   n°   , déclare, conformément à l'article 7 des conditions générales, que, par suite de formation de société, tous les

10

objets assurés par ladite Police sont devenus la propriété de la société formée entre lui et plusieurs commanditaires, sous la raison sociale.

La Compagnie donne acte de cette déclaration, et consent à continuer l'assurance dont il s'agit au nom et profit de MM.   , à charge par ceux-ci de se conformer à toutes les clauses et conditions, tant générales que particulières, de la Police, et à payer les primes annuelles qui y sont stipulées.

(N° 24.)
Déclaration d'une assurance sur les mêmes objets par une autre Compagnie.

Pour se conformer à l'article 9 des conditions générales de la Police par lui souscrite le n°   , M.   déclare qu'en supplément à la somme de cinquante mille francs, garantis par ladite Police, il a fait couvrir sur les mêmes objets par la Compagnie   , celle de vingt mille francs répartie comme suit, savoir

1° *Cinq mille francs* sur marchandises. 5,000
2° *Deux mille cinq cents francs* sur mobilier industriel. 2,500
3° *Deux mille cinq cents francs* sur mobilier personnel. 2,500
4° *Cinq mille francs* sur risques locatifs. 5,000
5° *Cinq mille francs* sur recours des voisins. 5,000

Somme égale. . . . . F. 20,000

La Compagnie lui donne acte de cette déclaration, et, en cas de sinistre, elle ne sera responsable qu'au prorata de la somme assurée par elle.

(N° 25.)
Pour garantir les droits du vendeur et d'un acheteur lorsque la propriété assurée est vendue sous faculté de réméré.

M.   déclare que la maison assurée par la Police du   , n°   , a été vendu par lui à M.   mais sous faculté de réméré pendant   années.

M.   reconnaît l'exactitude de cette déclaration.

La Compagnie donne acte aux sus-nommés de cette déclaration et reconnaissance.

En conséquence, il est convenu :

1° Que les primes seront payées à la Compagnie par M.   pendant les années fixées pour le réméré, et ensuite pendant toute la durée de la Police, si M.   n'exerce pas le réméré ;

2° Que dans le cas de l'exercice du réméré dans le délai, les primes à échoir postérieurement seront payées par M.   comme par le passé, et le présent avenant sera considéré comme non avenu, à partir du jour de la production à la Compagnie de l'acte de réméré.

En cas de sinistre, soit pendant le délai de réméré, soit après, s'il n'est pas exercé, l'indemnité due par la Compagnie sera réglée avec M.   et payée à celui-ci s'il n'existe aucune opposition ou obstacle au paiement.

(N° 26.)
Transfert de l'assurance d'un immeuble au profit de l'acquéreur, avec annulation de l'assurance du mobilier.

M.   déclare qu'il a acheté de M.   la maison assurée par l'article   de la police du   , n°   , et que le mobilier assuré par l'article   n'existe plus.

La Compagnie lui donne acte de cette déclaration, et consent à annuler l'assurance dudit mobilier et à continuer celle de l'immeuble au profit du sieur   , lequel accepte toutes les clauses et conditions de la Police ci-dessus relatée.

En conséquence, le montant de l'assurance n'est plus que de *vingt mille francs* et la prime est réduite à *six* francs soixante cent. (timbre compris), que M.   s'oblige à payer le   de chaque année.

— 75 —

7.) **u risque lo-**
renonciation

M. .... déclare qu'il a transporté son mobilier dans une maison située à .... construite en briques et charpente, couverte en tuiles, et assurée par la Compagnie au propriétaire, suivant police en date du ...., n° .
Il demande par suite de ce changement que l'assurance de son risque locatif soit remplacée par une renonciation de la Compagnie à tout recours contre lui en cas de sinistre.
En conséquence, la susdite Police est modifiée comme suit :

	CAPITAUX.	TAUX de PRIME.	PRIMES.	
L'assurance de *six mille francs* stipulée en l'article 1er, sur mobilier, aura son effet dans la maison désignée ci-dessus	6,000	» 75	4	50
L'assurance du risque locatif, stipulée en l'article 2 (pour 10,000 à 20 c.) est résiliée ; par contre, la Compagnie renonce, sans supplément de prime, jusqu'à concurrence de *dix mille francs*, au recours que, pendant l'assurance de ladite maison, elle pourrait être fondée à exercer contre M. .... en vertu des articles 1733 et 1734 du Code Napoléon.				
Droit de timbre et frais de répertoire sur 6,000 fr.		» 03		20
Ensemble.	6,000		4	70

Ainsi le capital assuré est réduit à *six mille francs* et la prime à *quatre francs soixante-dix centimes* que M. .... s'oblige à payer le .... de chaque année.

8.) **e assurance**
ment mutuel.

Entre les soussignés :
M. ...., agent général fondé de pouvoirs de la Compagnie LE GLOBE, stipulant en cette qualité, d'une part ;
Et M. ...., assuré à la même Compagnie suivant Police du ...., n° ...., de l'agence de .... d'autre part ;
Il a été convenu que l'assurance résultant de la Police ci-dessus relatée est et demeure résiliée à dater de ce jour, pour cause de sinistre (ou tout autre qu'il faut indiquer).

NOTA. *Faire une nouvelle Police, de préférence à un avenant, pour tous changemens dans les sommes assurées ou primes, qui modifieraient la comptabilité.*

TABLE DES MATIÈRES

INDIQUANT

la Concordance des Articles des Instructions

AVEC LES MODÈLES.

AVANT-PROPOS.

De la recherche des assurances............ i.
De la concurrence...................... iii.
Des compagnies à primes............... id.
Des sociétés mutuelles................. iii à v.

CHAPITRE Ier

Principes généraux.

Art. 1. Définition de l'assurance contre l'incendie.
2. Du contrat d'assurance.
3. L'assurance est un contrat de droit étroit.
4. L'assurance ne peut profiter qu'à celui qui éprouve le préjudice ; elle ne doit procurer qu'une indemnité et jamais un bénéfice.
5. L'assureur doit être subrogé aux droits de l'assuré auquel il a payé un sinistre.
6. Quelle que soit la somme assurée, l'indemnité ne peut excéder la valeur réelle des objets garantis.
7. Toute réticence ou fausse déclaration annule l'assurance.
8. Cas où l'assuré reste son propre assureur.
9. Le paiement de la prime est la condition essentielle de la validité de l'assurance.

CHAPITRE II.

Des divers systèmes d'assurances et de l'organisation de la Compagnie.

10. Des divers systèmes d'assurances.
11. Définition de l'assurance mutuelle.
12. Définition de l'assurance à prime.
 3 Les assurances à prime sont généralement du ressort des sociétés anonymes.
14-15. De la compagnie le Globe et de ses opérations.
16. Du capital de la Compagnie.
17-18. De l'administration de la Compagnie et de sa direction.
19. De la forme de sa correspondance et des pouvoirs qu'elle délègue.

CHAPITRE III.

Des risques que la compagnie assure et des objets qu'elle garantit.

20. Des objets que la Compagnie assure et des recours contre lesquels elle garantit.
21-22. Des risques que la Compagnie excepte de l'assurance.

CHAPITRE IV.

Des fonctions des agens généraux et de leurs rétributions.

23-24. Des agens généraux et de leurs fonctions.
25. Des rétributions des agens.
26. Cas de cessation de fonctions.
27. Des remises sur les recouvremens divers.
28-29. Des frais alloués aux agens.
30. Des inspecteurs envoyés dans les agences.
31. Des paiemens qui peuvent leur être faits.
32-33. Des obligations des agens ou de leurs héritiers, en cas de démission, révocation ou décès.

CHAPITRE V.

Des agens spéciaux.

34. Des agens spéciaux et de leur commission.
35-36. Du choix des agens spéciaux et des lieux où ils peuvent opérer.
37-38. Des fonctions des agens spéciaux et de leur rétribution.
39-40. Nombre et choix des agens spéciaux.
41. Personnes propres aux fonctions d'agens spéciaux.
42. Rapports avec les agens spéciaux.
43. Commissions et remises auxdits.
44. Du remplacement des agens spéciaux.

CHAPITRE VI.

Des pouvoirs des agens généraux

45. Des pouvoirs des agens généraux.

46-47-48-49. Des cas où les agens peuvent opérer hors de leur territoire et des restrictions apportées à cette faculté.
50-51. Des objets que les agens ne peuvent assurer sans autorisation.
52. Des autorisations de la Compagnie et de leur confirmation.
53. De l'assurance des objets appartenant aux agens ou à leurs proches.
54. Interdiction de toute modification aux assurances faites dans une autre agence.
55. Défense de faire aucune publication sans autorisation.

CHAPITRE VII.

Du maximum des sommes à assurer.

56. De l'explication du mot *Risque*.
57. Ce qu'on entend par *Risques distincts*.
58. Ce qu'on entend par *Risques communs*.
59. Limites des sommes que les agens peuvent assurer sans autorisation.
60. Des limites par localité.
61. Des extensions ou restrictions de limites.
62. Du maximum des sommes que la Compagnie assure.
63. Répertoire des assurances par commune.

CHAPITRE VIII.

Des propositions et de leur vérification.

64. Les propositions ne sont que des projets d'assurance.
65-66. De la forme et de la rédaction des propositions.
67. Indication de la nature et de la valeur des objets à assurer.
68. Du classement des propositions.
69. Tracés à joindre aux propositions.
70. Recommandations diverses.
71. Mode de vérification.
72. Renseignemens à prendre sur la moralité et la solvabilité.
73. Renseignemens confidentiels.
74-75-76. Des propositions qui doivent être écartées.
77. Examen des principales circonstances du risque.
78. Des bâtimens qui sont dans des conditions exceptionnelles ou présentent des dangers particuliers.
79. Des assurances exagérées faites sur le même risque ou à proximité.
80. Examen à faire sur l'état des bâtimens en cas d'assurance du contenu.
81-82. De l'examen du risque des bâtimens contigus, notamment en cas d'assurance contre le recours des voisins.
83-84. De la vérification des fabriques et usines et de leurs appareils de chauffage et d'éclairage.
85. Des propositions d'assurance sur bois ou forêts.
86. Des propositions d'assurance sur salles de spectacle ou maisons voisines.
87. Obligation de conserver le double des propositions et plans.
88. Interdiction de toute évaluation préalable.
89-90-91. Intérêt du propriétaire et de la compagnie d'assurer, autant que possible, la valeur exacte des objets garantis.
92. De la valeur vénale des bâtimens.
93. Des bâtimens qui ne peuvent être assurés que pour la valeur des matériaux.
94. Interdiction d'excepter de l'assurance certaines parties des bâtimens.
95-96. De la somme à assurer sur mobilier de ménage et de sa répartition.
97. Restrictions relatives aux dentelles, cachemires, objets d'art, etc.
98. De l'appréciation des outils et ustensiles. — De l'appréciation des marchandises.
99. Assurances d'un négociant, détaillant ou fabricant.
100. Des marchandises assujetties aux droits de régie.
101. Commissionnaires de roulage, marchandises en route.
102. De l'appréciation des récoltes, bestiaux, troupeaux.
103. De l'assurance des bois, taillis et futaies.
104. Sommes à assurer sur risque locatif.
105. Cas où l'assurance du risque locatif est une simple renonciation à un recours.
106. Sommes à assurer contre le recours des voisins.
107. De l'appréciation du mobilier industriel des fabriques.
108. Sommes à assurer conjointement avec d'autres assureurs.

CHAPITRE IX.

De l'application des primes.

109. Des divers tarifs suivant les localités.
110. Primes strictement exigibles et primes qu'on peut abaisser d'un degré.
111. Appréciation du degré des risques.
112. Dans les risques communs, la prime du risque le plus grave est exigible.
113. Prime applicable au contenant et au contenu.
114. Ecuries des maisons de simple habitation, marchandises hasardeuses servant à la consommation habituelle.
115. Récoltes en gerbes dans les exploitations rurales.
116. Professions augmentant les risques exercés en petit.
117. Débits de poudre à tirer.
118-119-120. Prime de risque locatif variable, — idem — du recours des voisins.
121-122. Assurance contre l'explosion de chaudières ou de gaz.
123. Exceptions pour les bateaux à vapeur et gazomètres.
124. Tolérance relative aux marchandises hasardeuses et doublement hasardeuses.

125. Des marchandises hasardeuses à l'usage de certaines professions ou fabriques.
126. Des marchandises faciles à endommager.
127. Des approvisionnemens variables suivant les époques de l'année.
128. Exceptions aux dispositions de l'article précédent.
129. Continuité de l'assurance des récoltes en meules.
130. Objets placés sous des hangars couverts en bois.
131-132. Règles relatives à la contiguité dans les fabriques.
133. Ponts de communication ou de passage.
134. Machines à vapeur et moteurs hydrauliques.
135. De la séparation du batteur dans les filatures de coton.
136. Prime des filatures de laine avec ateliers carrelés.
137. Moulins à blé mus par l'eau ou la vapeur.
138. Application de la prime des fermes.
139-140. De la contiguité des risques de deuxième classe.
141. Des bâtimens couverts en asphalte ou bitume mêlé de sable et de ceux couverts en bois ou tissus goudronnés ou bitumés.
142. De la contiguité par rapport aux fabriques et usines du voisinage.
143. Salles de spectacle et maisons contiguës.
144. Des risques de chemins de fer.
145. Remise accordée sur les primes des propriétés publiques.
146. Faveur dont jouissent les fonctionnaires qui y sont logés gratuitement.
147. Des orgues d'église, bibliothèques et musées publics.
148. Primes applicables aux renouvellemens et augmentations.
149. Fixité des primes pendant toute la durée de l'assurance.
150. Stipulation d'une prime moyenne interdite.
151-152. Droit du timbre.
153. Recommandation d'arrondir, en le forçant, le nombre de centimes.

CHAPITRE X.

De la police.

154. La Compagnie ne peut être engagée par des conventions verbales.
155. Tout contrat d'assurance doit être rédigé sur papier timbré.
156. Des divers formats de polices et de feuilles intercalaires.
157. Des conditions générales de la police, défense de les modifier.
158. Des conditions particulières ou manuscrites.
159-160. Des personnes ayant capacité pour contracter.
161. Déclaration de certaines restrictions au droit de propriété.
162. Assurance pour compte de qui il appartiendra.
163. Défense de souscrire des polices collectives.
164. Faculté d'assurer, par la même police, diverses propriétés.
165. Assurance d'une somme spéciale sur chaque risque distinct.
166. Somme spéciale à assurer sur les objets précieux.
167. Somme spéciale à assurer sur les bestiaux, récoltes, etc.
168. Sommes spéciales à assurer sur le mobilier industriel, les moteurs, appareils d'éclairage, marchandises, etc.
169. Désignation sommaire des objets assurés.
170. Indication de la situation des objets, des contiguités, communications, etc.
171. Maisons occupées par plusieurs locataires.
172. Indication de la nature des marchandises.
173. Assurance des vers à soie.
174. Indication des principales dispositions des fabriques.
175. De la situation du batteur dans les filatures de coton.
176. Substitution provisoire des quinquets à l'huile à l'éclairage au gaz.
177. Assimilation d'une fabrique ou usine non chauffée à celle chauffée à la vapeur.
178. Indication du nombre des meules dans les moulins.
179. Indications relatives aux salles de spectacle.
180. Assurances au profit des créanciers.
181. Assurances des risques locatifs et renonciation au recours.
182. Assurances partielles.
183. Assurances contre l'explosion du gaz et des chaudières des machines à vapeur.
184. Libellé du droit de timbre.
185. Du jour où la police prend cours, et sa durée.
Cas où la durée doit être limitée à un an.
186. Des assurances de durées diverses.
187. Du paiement comptant de la première prime.
188. De l'escompte des primes.
189. Du paiement comptant des petites primes.
190. Du paiement des primes pour les fractions d'année.
191. De la date de la police.
192. Du nombre d'expéditions et de la signature des polices.
193. Du cas où l'assuré est illétré.
194. De la délivrance de la police.
195. Du coût de la police.
196. De la rédaction des polices.
197. Soins à apporter dans l'écriture des polices.
198. Locutions à éviter.
199. Faire les assurances par nombre rond de centaine.
200. Éviter l'emploi des termes locaux.
201. Défense de mentionner la reconnaissance des lieux ou des objets assurés.
202. Du numéro d'ordre.
203. Mentions diverses à faire sur les polices, et approbations par la Compagnie.
204. Communauté d'un risque avec un autre déjà assuré.
205. Ristourne de prime en cas de remplacement.
206. Rédaction par l'agent général en une seule expédition, et envoi de ladite à la Compagnie.
207. Interdiction de délivrer des polices signées en blanc ou incomplètes.

CHAPITRE XI.

Des polices à effet différé et des réassurances

208-209. Objet des polices différées.
210-211. Des renouvellemens.
212. Des reprises sur d'autres Compagnies.
213. Ce qu'on entend par réassurance.
214-215. Des réassurances.

CHAPITRE XII.

Des plaques.

216-217. Utilité des plaques pour l'assuré et pour la Compagnie.
218. Prescription d'employer les plaques.
219. Apposition des plaques sur les meules.
220. Plaques grandes, moyennes et petites.
221. Recommandations de ne délivrer les plaques qu'après la conclusion de l'assurance.
222. Compte des plaques.

CHAPITRE XIII.

Des avenans.

223. Des changemens qui surviennent durant le cours de l'assurance.
224. Cas où les changemens sont constatés par des avenans.
225. Changement dans la personne de l'assuré.
226-227. Forme des avenans.
228. Avenans successifs.
229. Interdiction d'appliquer un avenant à plusieurs polices.
230. Des augmentations stipulées par avenans. — Des rectifications ou résiliations.
231. Vérification des demandes d'avenans.
232. Des assurances supplémentaires faites par d'autres Compagnies.
233. Classement et envoi des avenans.
234. Des modèles d'avenans.
235. Interdiction à un agent de modifier par un avenant la police d'une autre agence.
236. Coût de l'avenant.
237. Des déclarations de changemens que doivent faire les assurés.
238. Surveillance que les agens doivent exercer sur les risques assurés.
239. Les agens sont débiteurs envers la Compagnie des polices et des avenans.

CHAPITRE XIV.

Du recouvrement des primes.

240. De l'engagement de l'assuré de payer une prime annuelle.

241. Des quittances de prime.
242. Avertissemens à donner à l'assuré.
243. Paiemens à réclamer au domicile des assurés.
244. Primes à porter à non-valeur.
245. Comment doivent être constatées les annulations.
246. Lettre du juge de paix. — Lettre d'huissier. — Citation. — Renseignemens à prendre sur la solvabilité des assurés.
247. Discernement à mettre dans les poursuites.
248. Choix des retardataires à poursuivre.
249. Du tribunal compétent pour les poursuites à exercer.
250. Jurisprudence en faveur des assureurs; droit d'enregistrement.
251. Obligations des héritiers de l'assuré.
252. Déplacement des objets garantis.
253. Cas de faillite de l'assuré.
254. Mise en demeure par lettre chargée.
255. Suspension de l'assurance après l'expiration du délai de quinzaine.
256. Précautions à prendre en cas de paiement offert par un retardataire.
257. Mutation de propriété à constater.
258. Recommandation relative aux primes dues à une autre agence.
259. Défense de recevoir des à-compte ou d'accorder des délais.
260. Cas où les agens sont garans des primes.

CHAPITRE XV.

Des sinistres.

261. Premières démarches à faire.
262. Cas où l'agent doit s'abstenir.
263-264. Des démolitions à requérir de l'autorité et de celles ordonnées par elle.
265. De la conservation du sauvetage.
266. Visa des livres tenus par les commerçans.
267. Intervention provisoire des agens spéciaux.
268-269. Avis à donner à la Compagnie.
270. Avis à donner aux inspecteurs qui sont à proximité.
271. Rapports spéciaux sur les suites du sinistre.
272. Avis et rapport distinct sur chaque sinistre.
273-274. Limites des sinistres que les agens peuvent régler.
275. Des cas de déchéance.
276. Des recours à exercer.
277. Oppositions à former pour garantie des recours.
278. Garantie des risques locatifs.
279. Garantie du recours des voisins.
280. Déclaration du sinistre devant le juge de paix.
281. État des pertes que doit fournir l'assuré.
282. Incendie attribué à l'assuré.
283. Sinistre concernant une autre agence.
284. Gratifications aux pompiers.
285. Frais à la charge des communes.
286. Dommages à la charge des voisins.

— 81 —

287. Des dégâts causés par la foudre.
288. Avis à donner à la Compagnie des sinistres considérables lors même qu'ils ne la concernent pas.

CHAPITRE XVI.

De l'expertise.

289. Des principes applicables à l'expertise.
290-291-292. Désignation des experts suivant la nature des objets incendiés.
293. Experts envoyés par la Compagnie.
294. Acte de nomination des experts.
295. Du choix du tiers expert.
296. Cas de refus ou de suspension de l'expertise.
297.-298. Instructions à donner aux experts, et surveillance à exercer sur leurs opérations.
299. Interpellations à faire et dires à insérer dans les procès-verbaux.
300. Observations à faire sur le sauvetage.
301. Estimation distincte sur chaque article de la police.
302. Le règlement de l'indemnité n'est pas dans les attributions des experts.
303. Procès-verbal séparé par chaque assuré.
304. Forme des procès-verbaux d'expertise.
305. Honoraires des experts.
306. De l'intervention du tiers expert.
307. Proposition de transaction.
308. Formalités en cas de recours. — Sommation à donner en certains cas.
309. Mode de procéder en cas d'arrestation de l'assuré.

CHAPITRE XVII.

Des dommages sur immeubles.

310. Renseignemens que doivent prendre les experts.
311. Bâtimens inoccupés ou hors d'usage.
312. Bâtimens de construction massive.
313. Caves et fondations. — Évaluations à faire par les experts. — Différence du vieux au neuf.
314. Sinistres partiels et d'une faible importance.
315. Des immeubles assurés au propriétaire et au locataire.
316. Des immeubles assurés pour les risques locatifs seulement.
317. Expertise des bois taillis ou futaies.

CHAPITRE XVIII.

De l'estimation des objets mobiliers.

318. États et justifications à fournir par l'assuré.
319. Sinistres partiels et minimes.
320. Objets perdus ou volés.
321. Renseignemens à prendre pour l'évaluation du mobilier.
322. Évaluations à faire par les experts.

323. De l'estimation du mobilier industriel et du mobilier aratoire.
324. De l'évaluation des marchandises. — Documens à consulter.
325. Des marchandises sous la surveillance de la douane ou de la régie.
326. Des commerçans détaillans.
327. Appréciation des marchandises au cours du jour.
328. Évaluations à faire par les experts pour les marchandises.
329-330. De l'appréciation des récoltes.
331. Des pertes sur bestiaux.
332. Évaluation des récoltes d'après la mercuriale.
333. De l'estimation du mobilier industriel des fabriques et usines.
334. De l'appréciation des marchandises confectionnées ou en fabrication.

CHAPITRE XIX.

Du règlement définitif et du paiement.

335-336-337. Du règlement définitif.
338. Des dépenses faites par l'inspecteur après règlement du sinistre.
339. Envoi du procès-verbal à la Compagnie.
340. De la règle proportionnelle.
341. Réductions à faire sur l'expertise.
342. Reprise du sauvetage par la Compagnie.
343. Vérification des droits de l'assuré sur les objets incendiés.
344. Limites de la somme que l'agent peut payer sans autorisation.
345. Mode de paiement.
346. Forme de la quittance.
347. Quittance collective.
348. Quittance de l'indemnité due pour le risque locatif.
349. Quittance dans le cas où l'assurance a été faite pour compte d'autrui.
350. Formalités à suivre quand l'assuré est illettré. — Formalités à suivre en cas de saisies-arrêts. — Du paiement à faire au cessionnaire.
351-352. Résiliatition de l'assurance après sinistre et forme de ladite.
353. Cas de résiliation avant le paiement.
354. Envoi immédiat à la Compagnie de la quittance et des autres pièces.
355. Prescription par un délai de six mois. — Transaction en cas de déchéance involontaire.

CHAPITRE XX.

Des saisies-arrêts et du contentieux.

356-357. Règles à suivre relativement aux saisies-arrêts.
358. De la cession de l'indemnité.
359. Oppositions concernant les polices d'une autre agence
360. Des contestations et des tribunaux compétens.
361. Défense de suivre aucun procès sans l'autorisation de la Compagnie.

11

CHAPITRE XXI.

De la comptabilité.

362. Des registres que doivent tenir les agens.
363. De l'enregistrement des polices et des annulations.
364. Inscription des polices.
365. Polices avec effet anticipé.
366. Annotations des mutations. — Transferts, etc.
367. Avis à donner en cas de nullité des opérations.
368-369-370. De la forme des bordereaux et des indications qu'ils doivent contenir.
371. Du livre de caisse.
372. État des primes encaissées.
373. Inscription de la recette des primes.
374-375. Prélèvement mensuel des remises et commissions, et époques des règlemens de comptes.
376. De la comptabilité mensuelle.
377. Le relevé des primes échuer, et encaissées pendant le mois, se fait sur le livre de caisse.
378. Du bordereau des polices annulées, résiliées, rem-
379-380. Du compte, débit et crédit.
placés ou réduites.
381. Arrêté des bordereaux.
382. Les agens n'ayant jamais à fournir les fonds nécessaires au paiement d'un sinistre, ne doivent jamais retenir entre leurs mains le solde mensuel.
383. Recouvrement des primes pour une autre agence.
384-385. Comptabilité avec les agens spéciaux.
386. Ecritures personnelles des agens. — Eviter la confusion avec celles de la Compagnie.
387. De la responsabilité d'un agent qui emploie personnellement, même pour un moment, les fonds de la Compagnie.
388. Mode des remises et envois de fonds.
389. Traites de la Compagnie sur les agens.

CHAPITRE XXII.

Transmission des comptes. — Bordereaux et correspondance.

390. Pièces à transmettre immédiatement.
391. Pièces à transmettre mensuellement.
392. Du répertoire général des assurances et du délai fixé pour les inscriptions.
393. De la transmission des lettres et paquets.
394. Précautions à prendre pour les envois d'espèces.
395. De l'adresse des lettres et paquets.

CHAPITRE XXIII.

Des archives et du matériel.

396. Classement des polices et de la correspondance.
397. Classement des imprimés, et conservation des polices en blanc et des plaques.
398. Demandes de matériel.
399. Des insertions dans les journaux.

400. Sur les avis à demander à la Compagnie.
401. Des changemens ou modifications qui seront apportés aux présentes instructions.

MODÈLES DE POLICES.

N° 1. Police d'assurance sur maison, dépendances, mobilier personnel et recours des voisins.
2. Police d'assurance d'un propriétaire agissant pour lui et ses locataires.
3. Police d'assurance sur mobilier, marchandises, ustensiles, risques locatif, de voisins et de gaz.
4. Police d'assurance sur marchandises et mobilier, avec renonciation au recours locatif.
5. Police d'assurance sur ferme, bestiaux, récoltes et meules.
Tracé.
6. Police d'assurance sur marchandises ordinaires et hasardeuses.
7. Police d'assurance sur marchandises hasardeuses et marchandises doublement hasardeuses.
8. Premier cas. Polices de créances hypothécaires.
2° Cas. Police d'assurance faite par un propriétaire agissant pour lui et un créancier.
3° Cas. Police d'assurance faite par un créancier dans son intérêt et celui du propriétaire non intervenant.
9. Police d'assurance sur moulin à blé mu par l'eau.
10. Police d'assurance sur forges, halles et dépendances.
11. Police d'assurance sur filature de coton, risques d'explosion de chaudières et gaz compris.
Tracé et légende.
12. Police d'assurance sur filature de lin.
13. Police d'assurance sur fabrique de sucre sans raffinerie.
14. Police d'assurance sur raffinerie de sucre.
15. Police de roulage.
16. Police d'assurance sur une salle de spectacle.
17-18. Police d'assurance sur bois et forêts.
19. Police d'assurance spéciale contre l'explosion de chaudières.
20. Police d'assurance spéciale contre l'explosion du gaz.

POLICES.

Formules diverses à y insérer.

1. Assurance d'un bâtiment élevé sur le terrain d'autrui 67
2. Renonciation de l'assuré à une précédente assurance .... Id.
3. Assurance avec remise à titre d'escompte ...... Id.
4. Assurance des vers à soie .... Id.

MODÈLES D'AVENANS.

1. Transport des objets assurés d'un lieu dans un autre.................................. 68
2. Déplacement partiel des objets assurés........ Id.
3. Changement dans les distributions ou localités. Id.
4. Transport des objets assurés avec augmentation de risques................................... Id.
5. Réduction du montant de la prime............ 69
6. Réduction du montant de l'assurance en cas d'incendie partiel de quelque importance.......... Id.
7. Transport des objets assurés avec diminution de risques................................... Id.
8. Augmentation du montant de l'assurance...... Id.
9. Augmentation du montant de l'assurance et du taux de la prime........................... 70
10. Réduction du montant de l'assurance......... Id.
11. Réduction de l'assurance après sinistre........ Id.
12. Réduction du taux de la prime par changement de couverture............................ 71
13. Réduction des primes d'un établissement industriel par le changement de chauffage et d'éclairage... Id.
14. Rectification des primes mal appliquées en augmentation ou en réduction.................. Id.
15. Augmentation des primes d'un moulin par suite de l'augmentation du nombre de paire de meules.. Id.
16. Augmentation des risques par l'établissement d'une fabrique dangereuse dans une maison contiguë.
17. Augmentation de prime par suite de l'aggravation du risque du voisinage..................... 72
18. Augmentation d'une partie du risque et diminution d'une autre (V. modèle de police n° 5).... Id.
19. Augmentation de risques par l'introduction de marchandises hasardeuses................... 73
20. Mutation de propriété par suite de vente, échange, etc............................. Id.
21. Mutation de propriété par suite de décès....... Id.
22. Mutation de propriété par suite de dissolution de société ou changement de raison sociale... Id.
23. Transfert au nom d'une société............... Id.
24. Déclaration d'une assurance sur les mêmes objets par une autre Compagnie.................. 74
25. Pour garantir les droits du vendeur et d'un acheteur, lorsque la propriété assurée est vendue sous de réméré................................. Id.
26. Transfert de l'assurance d'un immeuble au profit de l'acquéreur avec annulation de l'assurance du faculté mobilier........................... Id.
27. Remplacement du risque locatif par une renonciation au recours.......................... 75
28. Résiliation d'une assurance par consentement mutuel................................... Id.

www.ingramcontent.com/pod-product-compliance
Lightning Source LLC
Chambersburg PA
CBHW070308100426
42743CB00011B/2407